180°C

des recettes et des hommes

N°27

printemps 2022

Édito

❋

PAR
PHILIPPE
TOINARD
Rédacteur en chef

COULISSES DE CAMPAGNE. A-t-on [...] campagne présidentielle ? [...] du monde agricole ? À pein[...] où les candidats se sont em[...] du groin et du crin pour fla[...] désabusés ! A-t-on amorcé un débat autour du respect de l'environnement ? Très peu ! Même si les programmes développés sur les sites Internet des candidats permettaient d'en savoir un peu plus sur leurs engagements, les thèmes que sont l'alimentation, l'agriculture et l'environnement étaient, en revanche, rarement évoqués dans les meetings et les interviews dominés par l'insécurité, l'immigration et le pouvoir d'achat. Et, lorsqu'ils l'étaient, soit ça retombait comme un soufflé soit ça donnait naissance à des polémiques. Ainsi qu'ont pu le constater Yannick Jadot d'Europe Écologie-Les Verts ou Fabien Roussel du Parti communiste.

——

Le premier a tenté d'en parler, mi-février, sur BFM TV. Mais, à peine avait-il évoqué notre « énorme problème de malbouffe » qu'il avait été coupé par une journaliste désireuse de savoir s'il arrivait à faire du sport pendant la campagne et s'il était du genre à se faire prendre en photo en jogging… Yannick Jadot réussira tout de même à parler des lobbies de l'agro-industrie et des combats menés par les écologistes depuis plus de quarante ans pour une meilleure maîtrise de notre alimentation.

——

Le second, – un des rares à avoir fait le choix de parler d'alimentation et d'agriculture en soulignant que « manger, en France, c'est sacré, et, bien manger, c'est une question importante » –, s'est retrouvé au cœur d'une polémique totalement loufoque. Invité de *Dimanche en politique* sur France 3, le 9 janvier, Fabien Roussel est interpellé pour donner son avis sur le prix de la personnalité 2022 remis à Emmanuel Macron à l'occasion des Trophées du vin organisés par nos confrères de *La Revue du vin de France*. S'il ne trouve rien à redire à cette récompense, il enchaîne avec : « Un bon vin, une bonne viande, un bon fromage, pour moi, c'est la gastronomie française, mais, pour avoir accès à cette bonne gastronomie, il faut avoir des moyens (…), il vaut mieux boire peu, mais du bon, manger moins de viande, mais de la bonne, boire français et manger de la viande française. Mais il faut surtout que tout le monde y ait accès, parce que c'est cher. »
Des propos sans arrière-pensée, presque rafraîchissants, dans une campagne plombée par des thèmes anxiogènes. Bien mal lui en a pris, les rageux des réseaux sociaux et des représentants de parti politique lui sont tombés sur le paletot, lui reprochant une vision identitaire de la gastronomie française, de promouvoir l'alcoolisme et une consommation de viande jugée incompatible avec la lutte contre le réchauffement climatique. Quel niveau !

——

Chez *180°C*, nous prônons depuis toujours l'hédonisme, la réappropriation de notre alimentation, le respect de l'environnement et la vigilance par rapport au système agro-industriel. Nous continuons avec ce 27ᵉ numéro que nous consacrons en partie à un symbole de la gastronomie française, les fromages au lait cru. Est-ce qu'à travers ce thème nous faisons des appels du pied à la droite identitaire – reproche tweeté à Fabien Roussel à la suite de ses propos ? Évidemment non. Car nous ne faisons pas de politique, mais nous aimerions que les politiques s'approprient ce que nous prônons.

180°C #27 ❦ printemps ❦ **1**

180°C
des recettes et des hommes

N°27
printemps 2022

—

au menu

page **6**

page **58**

Homme de goût

C'est de saison

page
124

Divin quotidien

page
144

Raisin et sentiments

page
158

Home made

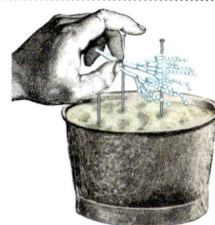

Comité éditorial

Directeur de la rédaction
et de la publication

**Éric
Fénot**

Rédacteur
en chef

**Philippe
Toinard**

Rédactrice
et styliste culinaire

**Delphine
Brunet**

Directeur
artistique

**Fabrice
Bloch**

Contributeurs

TEXTES

Bruno Fuligni

Écrivain, historien, maître de conférence à Sciences Po, il est l'auteur d'une trentaine d'ouvrages dont *La Fille de Napoléon – Une nouvelle énigme de l'histoire* publié en 2021 aux éditions Les Arènes.

Paule Masson

Journaliste et auteure, Paule est spécialisée dans l'alimentation durable. Après plusieurs années à *L'Humanité*, elle a pris son indépendance pour se consacrer pleinement à ces enjeux. Elle a co-écrit en 2020 avec la cheffe Nadia Sammut, *Construire un monde au goût meilleur*, chez Actes Sud.

Géraldine Meignan

Ex-grand reporter à *L'Expansion* et à *L'Express*, Géraldine a notamment investigué les filières de l'agroalimentaire (*Les Réseaux de la malbouffe*, JC Lattès, 2015). Elle a publié, en 2019, *La Cuisine d'un monde qui change*, aux Éditions de l'Épure.

Mayalen Zubillaga

Elle a grandi sur les rives de l'étang de Berre entourée de fèves, de muges et de chèvres du Rove. Tombée dans une marmite de boulettes à la sauce tomate quand elle était petite, elle cuisine et écrit tous azimuts. Elle est l'auteur de *L'art de saucer* aux Éditions de l'Épure et collabore avec plusieurs supports de presse.

Pierrick Jégu

Pierrick collabore avec *Saveurs* et *La Revue du Vin de France*. Auteur du livre *Aribert*, paru chez Laymon, de *Breizh*, du chef Thierry Breton aux éditions de La Martinière, il a écrit en 2018 *Le Traité de Jajalogie* édité par Thermostat 6 et en 2021 *Basque* avec le chef Pascal Arcé aux éditions de La Martinière.

Valérie Bouvart

Journaliste pendant plus de quinze ans au *Point*, puis à *Régal*, Valérie a mis les mains à la pâte et passé un CAP cuisine. Elle travaille aujourd'hui pour *Avantages*, *La Revue culinaire*, *Cuisine actuelle*… et pour *180°C*.

Portraits des contributeurs par Bénédicte Govaert.

4

PHOTOGRAPHIES

Anne-Claire Héraud

Photoreporter culinaire engagée, Anne-Claire s'immisce dans le quotidien des protagonistes d'une alimentation durable pour en tirer leur portrait avec justesse et authenticité. Elle travaille essentiellement pour la presse et l'édition.

Vincent Baldensperger

Installé à Toulouse, Vincent est passionné par le reportage, le documentaire et le portrait, il possède une sensibilité accrue pour le travail de l'homme, les rencontres uniques entre le savoir-faire et la matière. Il partage également auprès du Kage Collective d'enrichissants échanges artistiques et internationaux.

Patrick Swirc

Formé à l'école de photographie de Vevey en Suisse, ce portraitiste de renom travaille régulièrement pour les plus grands titres de presse (*Libération*, *Elle*, *Télérama*...).

Guillaume Czerw

Spécialisé en photographie culinaire, Guillaume collabore à *180°C* depuis son lancement. Il partage son temps entre travail en studio et reportages et collabore à la réalisation de nombreux livres de chefs et artisans. Il travaille également pour la presse.

ILLUSTRATIONS

Solange Gautier

Après une formation de photographie spécialisée dans la chimie du bain révélateur, Solange Gautier, collagiste, a exploré l'image sous toutes ses formes. Passionnée de gravures et de peinture, elle va puiser l'image d'hier pour lui donner une seconde vie.

+

Recettes et stylisme
Valéry Drouet

✳

180°C

des recettes et des hommes

#27 - avril-mai-juin 2022

Édité par Thermostat 6
S.A.S. au capital de 5 000 euros
Siège social :
8, rue des Goncourt, 75011 Paris
www.180c.fr
facebook.com/180C.LaRevue
twitter : @180C_LaRevue
instagram : @180c_larevue

Directeur de la rédaction et de la publication
Éric Fénot
eric@180c.fr

Rédacteur en chef
Philippe Toinard
philippe@180c.fr

Directeur artistique
Fabrice Bloch
fabrice@180c.fr

Rédactrice et styliste culinaire
Delphine Brunet
delphine@180c.fr

Conseiller culinaire
Éric Trochon MOF 2011
eric.t@180c.fr

Secrétaires de rédaction
Valérie Bouvart & Marie-Laure Bayle

Conseils et expertise retouches
www.dmbm.fr

Imprimé et relié en Belgique par :
Graphius

Diffusion CDE
26, rue de Condé, 75006 Paris

Responsable communication
Olivier Pascuito
Tél. : 06 67 35 96 90
olivier@180c.fr

Fondateurs associés
É. Fénot, D. Brunet, F. Bloch,
B. Gratton, E. Brunet, V. Rivalle,
É. Trochon

Associés à ce projet collectif
Ch. Chausson, B. Jeanbart, P. Aisenberg,
E. Laveran, S. Ract Madoux, F-X. Couval,
P. Hannedouche, O. Pascuito

ISBN : 979-10-92254-85-3 ISSN : 2268-1892
CPPAP : 0119k93558
Parution : 4 numéros par an
Dépôt légal : avril 2022
© 2022, Thermostat 6. Tous droits réservés, pour tous pays.

Frédéric MOLINA

De haut en bas et de bas en haut

TEXTE
PHILIPPE TOINARD
PHOTOGRAPHIES
ÉRIC FÉNOT

Il est des rencontres qui soulignent qu'un changement de vision
en cuisine est possible à partir du moment où la conviction est chevillée
au corps. Frédéric Molina et Irene Gordejuela brillent d'avoir construit
une gastronomie saine, écologique, naturelle et contemporaine.
Ils ne sont évidemment pas les seuls, mais ils peuvent, et doivent,
servir d'exemples aux trop nombreux sceptiques.

*Sur la gauche
du moulin, la roue
alimentée par le Brevon
ne cesse de tourner et
de fasciner les clients
en quête de lieux
authentiques, entre lac
et montagne.*

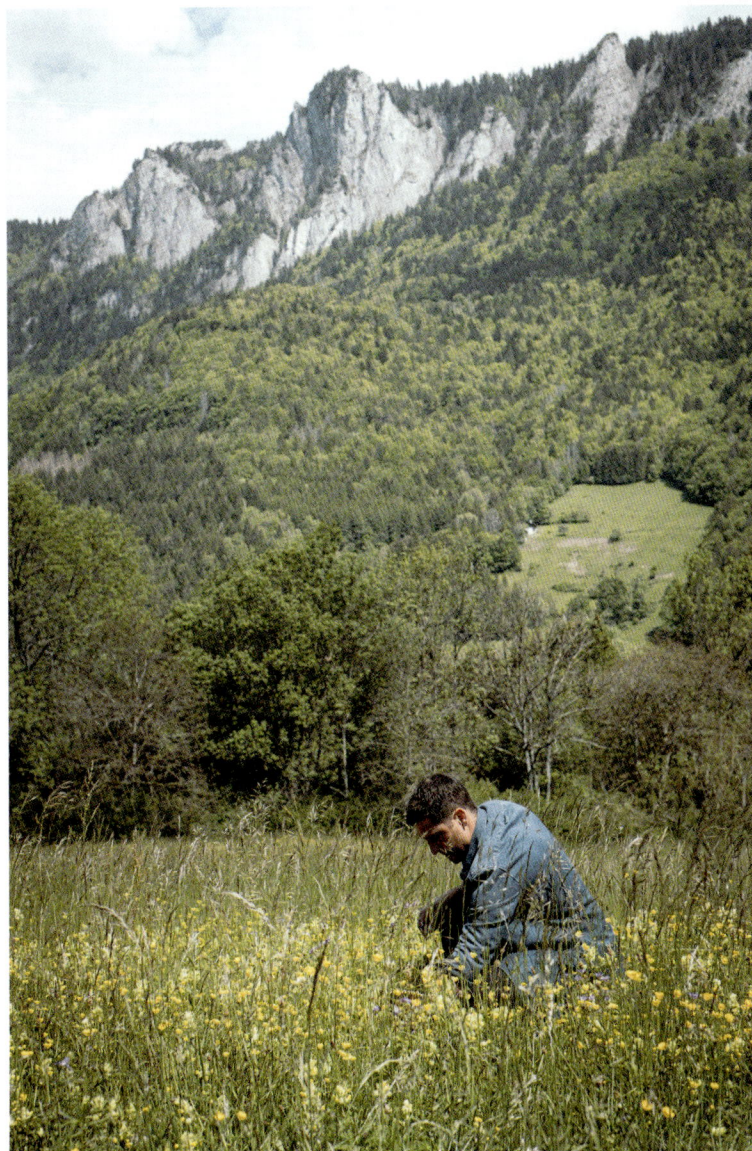

CI-CONTRE

*Frédéric n'a que quelques
mètres à parcourir pour
se retrouver sur son terrain
de jeu préféré, une prairie
sur laquelle il cueille des
dizaines de variétés d'herbes
et de fleurs. Certaines
seront transformées
en vinaigre, d'autres
en infusions.*

SON ACCENT LE TRAHIT. Frédéric Molina n'est pas un garçon du cru. Il n'a pas cette diction légèrement traînante propre au pays savoyard. En lieu et place, quelques intonations dans son parler nous font penser au Sud-Ouest. Et pour cause ! Le Vailliérand d'adoption est originaire de Madiran. C'est au cœur de ce vignoble qu'il a grandi dans une ferme, à l'ombre des Pyrénées. Pour sa compagne, Irene (prononcez Iréné), l'accent est encore plus flagrant. Il chante bon l'Espagne. Ce duo a presque fait le tour du monde. Pas avec un sac à dos, mais avec des diplômes d'école hôtelière. Ces *globe-cookers* sont passés par l'Irlande, l'Italie, l'Asie, l'Australie – notamment chez *Quay*, de Peter Gilmore – avant de revenir en Espagne pour rejoindre la brigade du restaurant *Mugaritz* d'Andoni Aduriz, considéré comme l'un des chefs les plus influents du XXIᵉ siècle. Pour Frédéric, qui rappelle qu'il aime profondément la nourriture et « faire à manger » plutôt que le terme « cuisiner », cette étape dans sa carrière était d'une part le graal et d'autre part vitale pour la suite, pour la compréhension de l'appropriation du terroir d'un territoire. Après l'Espagne, un projet brésilien se profilait, mais, en attendant qu'il se dessine,

« Faire venir des produits de l'autre bout du département ou de la France, mettre des camions sur la route juste parce que j'ai envie de cuisiner des asperges, c'est indécent. »

le couple décida de partir pour une saison d'hiver à *La Ferme du Chozal*, à Hauteluce, en Savoie, au cœur du Beaufortain. Ils connaissaient les Pyrénées, ils découvrent les Alpes et décident d'y rester. Ce sera Vailly, entre lac Léman et massif du Chablais, sur les hauteurs d'Évian et de Thonon, dans une petite vallée authentique et préservée, à 800 mètres d'altitude, dans un moulin du XVIIᵉ siècle encore en activité dont la roue tourne par la force du Brevon (« castor » en patois savoyard) qui longe leur verdoyante propriété.

Cinquante-deux saisons

Si Andoni Aduriz a révélé à Frédéric l'ultra-territorialité, la saison à Hauteluce l'a confirmée : « À la montagne, tu ne fais pas des kilomètres et des kilomètres pour absolument trouver un produit. Tu travailles avec ce que tu as à disposition. Tu prends rapidement conscience que tu ne cuisineras plus le homard, le foie gras ou les huîtres. C'est terminé, la facilité. Ça fait mal au début, mais tu finis par te prendre au jeu. » Le Beaufortain aura été un superbe galop d'essai pour Frédéric et rien de tel que d'aller au marché pour comprendre la culture locale. Frédéric y a croisé des maraîchers, des éleveurs, des fromagers, des pêcheurs. Ce schéma, il l'a reproduit en arrivant à Vailly, en 2014, en se remémorant la ferme familiale de Madiran et

cette cuisine réalisée en partie avec ce qu'il y avait dans la basse-cour et le potager, en frais, ou en conserves pour l'hiver, car, dans cette maison, il était inenvisageable de jeter, de gaspiller. À la différence près, qu'à la montagne, même en moyenne altitude, il n'y a pas quatre saisons mais cinquante-deux : « Rien ici n'est dans le même *timing*. La neige, les gelées, un printemps tardif ou très avancé, trop de pluie ou pas assez, les dénivelés qui changent tout en quelques dizaines de mètres t'obligent à penser ta cuisine différemment quand tu sources uniquement en local. »
Les premières asperges, Frédéric pourrait les commander pour les avoir au début du printemps, mais cet écoresponsable s'y refuse : « Faire venir des produits de l'autre bout du département ou de la France, mettre des camions sur la route juste parce que j'ai envie de cuisiner des asperges, c'est indécent. »
Alors, le chef étoilé Michelin jongle avec ce qu'il a en quantité et en fonction de ce que la nature veut bien lui offrir. Et, s'il n'y a qu'une quinzaine de carottes, il fera avec, bouleversant le contenu de ses assiettes qu'il compose à la semaine, mais qui, du jour au lendemain, peuvent totalement être construites d'une autre façon. Un travail d'équilibriste ? « Non, c'est totalement naturel depuis notre installation. J'ai cette façon de créer ancrée en moi comme tout aubergiste [il adore et revendique ce mot, NDLR] qui se respecte.

DOUBLE PAGE

En attendant de rejoindre les parcours herbeux, les cochons de Michael Dumaz, qui fournit Frédéric Molina, se prélassent à l'ombre des chênes et des châtaigniers et se nourrissent, en partie, des surplus des maraîchers et des boulangers.

Autrefois, l'aubergiste faisait à manger au client de passage avec ce qu'il avait sous le coude. Je n'imagine pas mon métier autrement. Ce n'est pas à moi de décider de ce que mes clients vont manger, je le fais en fonction de ce que j'ai sous la main. » Et si ses produits peuvent être estampillés bio, c'est encore mieux : « Ça va de pair. Sourcer localement, mais présenter des produits, aussi bien cuisinés soient-ils, blindés de pesticides n'a aucun sens. » Il est ainsi Frédéric, entier dans ses positions, logique dans sa démarche de révéler son désormais territoire, loyal dans sa relation aux producteurs qu'il ne contraint pas, cohérent dans sa quête de parfums ou de saveurs qu'il faut aller chercher dans la nature parce que définitivement absents de ses placards. Le chef devient alors cueilleur, seul ou avec son équipe. Il n'a que quelques mètres à parcourir dans le champ voisin du moulin ou dans les bois pour ramasser de la myrrhe odorante pour son goût anisé, du serpolet

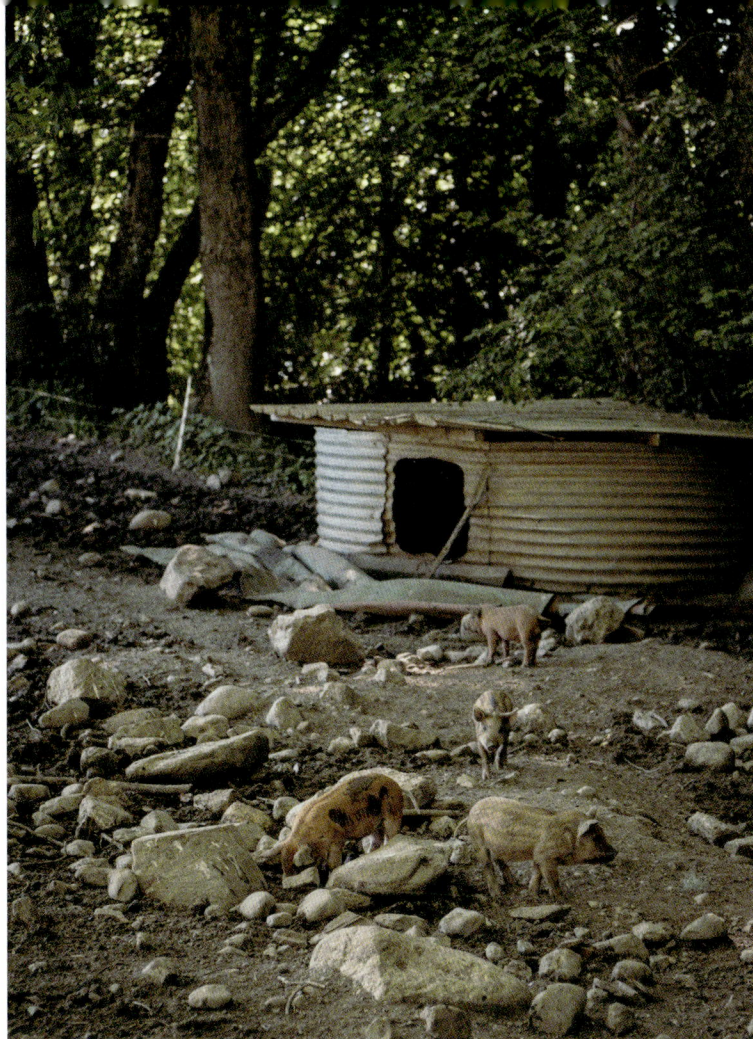

pour l'amertume, de la consoude pour l'iode, de la sarriette pour le poivre, de la mélisse pour son côté citronné, du mélilot pour la vanille sans oublier l'oseille sauvage, l'oxalis, la pimprenelle, la roquette sauvage, le lupin, les fleurs comestibles et, en saison, les champignons.

Au plus près du moulin

Tuile de lin, chèvre frais et aspérule odorante ; œufs de caille, ail et noix ; gaspacho de plantes et mousserons ; premières perchettes du lac, vinaigre de pommes, navet et oxalis ; polenta, champignons de Paris, fromage sérac ; pièces de cochon, jus maison, prunes au sel et côtes de blettes ; fraises et livèche… ces intitulés laissent une large place au végétal, par conviction, mais pas seulement. Il y a une logique sincère dans ces créations, comme l'absence de viande bovine : « Ici, les vaches sont élevées majoritairement pour le lait et donc pour les fromages, pas pour la viande. Il n'y a donc aucune raison à ce qu'elle soit présente à la carte. » Du cochon, il en est en revanche question et c'est à Publier qu'il est élevé, entre Thonon et Évian par Michael Dumaz, pêcheur professionnel sur le lac. Quand il n'est pas sur l'eau à relever ses filets, Michael est auprès de ses cochons qu'il fait naître, qu'il élève, mais qu'il ne transforme pas. Des croisés gascons et durocs nourris avec le surplus des maraîchers et des

*Retour de pêche pour Frédéric sur le bateau
de Serge Carraud, pêcheur sur le lac Léman depuis
trente-huit ans. Un métier appris auprès de son père,
René, 81 ans, qui continue de taquiner
la tanche et la féra.*

▷ boulangers locaux, du tourteau de noix de Savoie, de la farine de blé et, de juin à novembre, sur un parcours herbeux de 6 000 mètres carrés. Frédéric a jeté son dévolu sur les petits cochons dont le poids oscille entre 50 et 60 kilos, pour le bon rapport entre le maigre et le gras. De temps à autre, il achète une coche de 200 kilos et la travaille entièrement. Mais, ce qui lie l'éleveur et le cuisinier, c'est l'amour des jambons. Ensemble, ils ont travaillé sur le salage en écoutant les conseils de bouchers locaux. Ils les font sécher entre trois et quatre ans et ne sont pas peu fiers du résultat,

surtout escortés de quelques bouteilles de vignerons savoyards comme Antoine Petitprez, Dominique Lucas, Pascal Quenard, Gilles Berlioz ou Mathieu Apffel qu'Irene sait mettre en valeur au moulin.

Si Michael Dumaz fournit aussi Frédéric en poissons du lac, ce dernier s'appuie également sur Lionel Bouchet, basé à Lyaud, et sur Serge Carraud, à Chens-sur-Léman. Trois pêcheurs, trois lieux de pêche sur le Léman et des retours différents par leur contenu. Elle est là, la logique d'approvisionnement du chef. Prendre ce qu'il y a à un temps T et tenir compte des aléas. Comme ce matin de juin 2021, chez Serge Carraud

qui maugrée parce que l'eau du lac n'est qu'à 10 °C : « Ça ne tourne pas rond sur cette Terre. C'est beaucoup trop froid pour un mois de juin et le poisson joue à cache-cache avec nous. » Frédéric se contentera des quelques féras prises dans les filets de Serge qui fait ce métier depuis trente-huit ans sur son Farfadet, le bateau de son père construit en bois en 1966 : « Se lever à 4 heures pour être à 5 heures sur le lac et rentrer à 8 heures 30 avec si peu de poissons, c'est désolant. Ça ira peut-être mieux demain… ou pas. Au moins, Frédéric ne me met pas la pression. Il prend ce qu'il y a, même si c'est du barbeau ou du chevaine. »

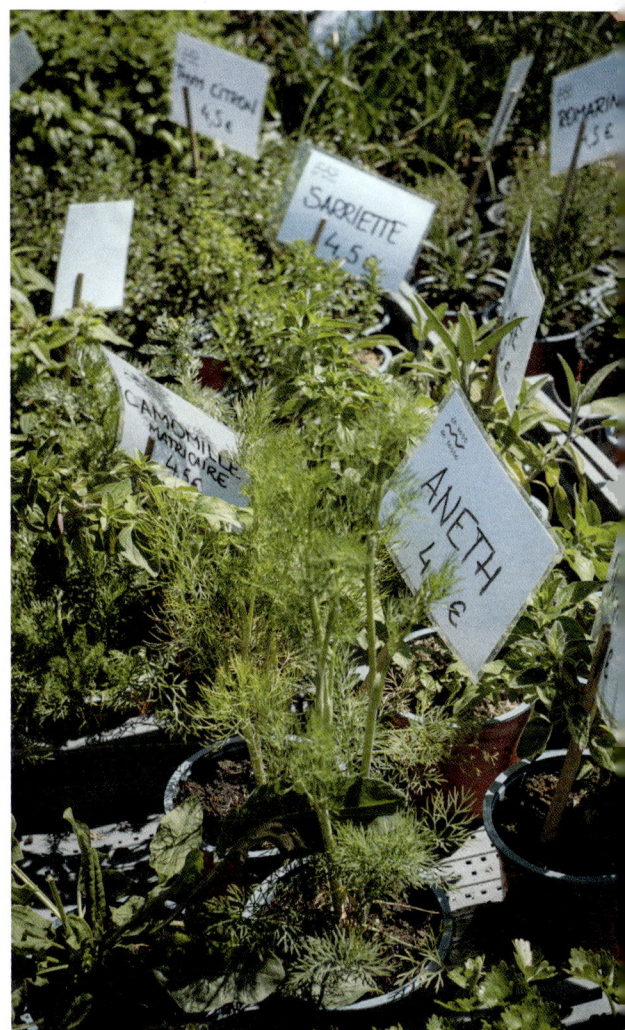

DOUBLE PAGE

*La présence du lac Léman, page de gauche en haut,
permet de créer un microclimat et d'éviter les chocs thermiques.
Un endroit idéal pour une production de légumes de plein champ,
de légumes sous serres non chauffées et de plants.*

Pour accompagner ces poissons, il faut quelques légumes. Retour à Publier, cette fois au Vert de Terre, chez Denis Dutruel et Christine Engelking. Frédéric a croisé Denis sur un marché local avant de venir sur la propriété de 4 hectares répartis en différentes parcelles sur Publier et sur le plateau de Gavot, à 800 mètres d'altitude. Des boutures à la pousse, Denis et Christine font tout, des herbes aromatiques et une cinquantaine de variétés de légumes. « Aller chez Frédéric et voir ce qu'il fait de nos légumes, c'est le plus beau cadeau, précise Denis qui rit encore de leurs premières rencontres. Quand il venait au début, je ne comprenais pas : il récoltait les mauvaises herbes. Nous, ça faisait trente ans qu'on marchait dessus. Lui, il les met dans ses assiettes. » Frédéric est comme un enfant dans un magasin de jouets. Tout ici l'intéresse, du mode de culture au résultat final comme ces panais transférés en plein hiver en palox dans leur terre de pousse et qui n'ont pas bougé alors que le printemps est là : « C'était ça ou on les jetait et, ça, on s'y refuse. Mais, pas d'inquiétude, ils vont trouver preneurs. » Frédéric écoute sagement Denis parler de solarisation qui consiste à chauffer le sol par une bâche ce qui permet

de griller les herbes indésirables. Il lui indique essayer aussi la toile de chanvre à la place des bâches, les traitements à la vapeur à 90 °C pour se débarrasser des mauvaises herbes ou, encore, les sols amendés au fumier de vache.

Cuisine nature et singulière

De ces échanges, de ces rencontres, de ces engagements écologiques, de cette volonté vibrante de valoriser un territoire de seulement quelques kilomètres carrés, est née une cuisine vive, intelligente, contemporaine, durable, qui fait la part belle au végétal. Une cuisine de conviction parce qu'elle devient une nécessité, pas seulement aux yeux de Frédéric et d'Irene, mais de leurs clients qui évoluent dans leur façon de consommer en même temps que le chef et son épouse. Et si l'on repense à Serge, le pêcheur qui trouve que la température de l'eau du Léman n'est pas normale en cette saison, c'est qu'il y a effectivement urgence à modifier certains de nos comportements. Encore faut-il avoir des convaincus qui montrent le chemin. Irene et Frédéric sont de ceux-là et, aux confrères qui pensent encore qu'il est difficile de changer les habitudes de certains de leurs clients, ce duo démontre magistralement que c'est viable et définitivement dans l'air du temps ✳

Le MARCHÉ

de 180°C

des recettes et des hommes

« QUE TON ALIMENTATION SOIT TA PREMIÈRE MÉDECINE »

Cet adage que la légende attribue au patron des médecins, Hippocrate de Cos, parcourt de bout en bout notre marché printanier placé sous le signe de la santé. Beignets ! Pizza ! Pasta ! Nuggets ! Pain au beurre ! Des remèdes bien plus engageants que les compléments alimentaires vendus au prix du caviar.

TEXTE ET RECETTES
MAYALEN ZUBILLAGA
PHOTOGRAPHIES
ÉRIC FÉNOT
STYLISME
DELPHINE BRUNET

LA SAUGE FRAÎCHE
Contre la veisalgie

Ses feuilles douces comme du velours ne laissent en rien présager son goût puissant, camphré, légèrement amer, et son étonnante rusticité — elle pousse dans les sols arides ou même dans un pot, sur le rebord d'une fenêtre. Particulièrement épanouie et touffue au printemps, la sauge officinale est très prisée des Italiens qui la font frire et l'associent notamment aux viandes blanches ou grasses, ou encore au beurre pour arroser des pâtes ou des gnocchis. Les Provençaux font mine de s'intéresser avant tout à ses vertus médicinales. La sauge, dont le nom vient du latin *salvia*, «sauve» en effet tant et si bien que, dit-on, celui qui en possède dans son jardin n'a nul besoin de médecin. Elle est, avec l'ail, l'un des ingrédients providentiels de l'*aigo boulido*, un bouillon spartiate et parfumé dont le merveilleux cuisinier Gui Gedda racontait qu'il « *fut pour nos anciens la thérapie sacrée* » (Le Grand Livre de la cuisine provençale, 1997) : « *L'aigo boulido, appelée aussi soupe à la sauge, faisait et fait toujours dans nos campagnes office de médecine préventive. [...] Faites-en l'expérience dès que vous éprouverez quelque malaise ou que vous aurez la "gueule de bois", comme moi ce soir.* » À bon entendeur...

Beignets de sauge à l'anchois

Parfaits pour débuter une soirée langoureuse ou une fête des paires : si vous cueillez vous-même les feuilles sur un pied de sauge, vous remarquerez qu'elles sont réunies par deux autour des tiges qu'elles entourent amoureusement.

POUR 20 BEIGNETS

40 belles feuilles de sauge
1 quinzaine de filets d'anchois à l'huile, ou au sel (dessalés)
1 c. à c. d'huile
1 petite gousse d'ail pelée
Huile pour friture

LA PÂTE
10 cl d'eau glacée
1 œuf (il n'en faudra que la moitié)
70 g de farine
1 ou 2 glaçons

❶ Formez des paires de taille similaire avec les feuilles de sauge. Écrasez les filets d'anchois dans un mortier avec l'ail et l'huile. Formez des petits sandwichs de feuilles de sauge, côté foncé à l'extérieur, avec au centre une mince couche de pâte d'anchois.

❷ Pour la pâte, battez légèrement l'œuf et versez-en la moitié dans l'eau. Incorporez rapidement la farine en laissant des grumeaux. Ajoutez les glaçons.

❸ Faites chauffer 2 cm d'huile pour friture dans une poêle. Quand elle est bien chaude, trempez les sandwichs dans la pâte et plongez-les dans l'huile. Laissez-les cuire en les tournant régulièrement. Retirez-les quand ils sont dorés. Déposez-les sur une assiette couverte de papier absorbant, épongez-les délicatement et dégustez-les sans tarder.

Saltimbocca

Ces escalopes de veau au jambon, beurre, vin et sauge sont si bonnes qu'on n'en fait qu'une bouchée, comme le suggère le nom « saltimbocca » qui vient de saltare in bocca, *« sauter en bouche ». Dans* La Scienza in cucina e l'Arte di mangiar bene, *Pellegrino Artusi, le parrain de la cuisine nationale italienne, considère qu'il s'agit d'un plat « sain ». Pardi !*

···································· POUR 4 À 6 PERSONNES ····································

3 escalopes de veau d'environ 150 g chacune
4 tranches de jambon de Parme
12 grandes feuilles de sauge
50 g de beurre
15 cl de vin blanc sec
Sel et poivre du moulin

❶ Si les escalopes ne sont pas assez fines (environ 5 mm d'épaisseur), placez-les entre 2 feuilles de papier sulfurisé et aplatissez-les au rouleau. Taillez-les en 4 morceaux. Coupez chaque tranche de jambon en 3 parts. Placez sur chaque morceau de veau une tranchette de jambon et 1 feuille de sauge. Faites tenir le tout avec des piques en bois, en piquant en 2 endroits.

❷ Répartissez le beurre dans 2 poêles et faites-le chauffer. Quand il est fondu et qu'il mousse, posez les saltimbocca côté sauge. Salez très légèrement et laissez cuire pendant 2 minutes à feu moyen-fort (le jambon doit un peu griller). Tournez et faites cuire l'autre côté pendant 1 minute de plus. Retirez les saltimbocca, versez le vin blanc et laissez-le s'évaporer à feu vif (pas trop quand même, il serait dommage de ne pas pouvoir saucer). Quand il a bien réduit, remettez les saltimbocca juste le temps de les réchauffer, poivrez-les et servez-les avec la sauce.

LE ROCAMADOUR
Anti-hypertenseur

....

Ce petit palet au lait cru et entier de chèvre, AOC puis AOP depuis les années 1990, est produit dans le Lot et quelques communes des départements limitrophes. Après un affinage de six ou sept jours se développe, entre sa peau veloutée et son cœur un peu ferme, une fine couche de crème : on dit que le fromage « piaule ». Ses producteurs se sont insurgés contre le Nutri-score, un système d'étiquetage nutritionnel qui fleure davantage le supermarché américain que le sandwich baguette-camembert (avec supplément beurre pour les esthètes). Certes, ce principe de notation n'annonce pas la fin du plateau de fromages, et d'aucuns raillent ces indignations vertueuses car le rocamadour, comme de nombreux fromages AOP, appartient majoritairement à de gros industriels. Mais, tout de même, quand un fromage de chèvre ou un comté sont affublés de la mauvaise note « D » à cause de leur teneur en matière grasse, tandis que le Coca® Zéro, les chips allégées ou le guacamole en pot #vaderetro s'en tirent avec un honorable « B », on a la sensation de pédaler dans la choucroute (choucroute qui obtient un « B » dans plusieurs versions garnies en conserve).

....

Pizza blanche au rocamadour et verdures printanières

La pizza bianca, historiquement tartinée de saindoux, a tout du plat nutri-scorement correct. Céréales, verdure, huile d'olive, laitage : oh, la pyramide du régime méditerranéen !

POUR 3 PIZZAS

LA PÂTE
500 g de farine de type 00 ou manitoba
5 g de levure fraîche de boulanger
30 cl d'eau froide
2 c. à c. rases de sel fin
QS de semoule de blé dur fine
pour étaler les pâtons

LA GARNITURE
3 rocamadours
4 bottes de cébettes
2 artichauts violets
½ citron
Huile d'olive
Fleur de sel et poivre du moulin

❶ Pétrissez la farine, la levure et l'eau pendant quelques minutes, puis ajoutez le sel et pétrissez énergiquement jusqu'à ce que la masse soit lisse, souple et élastique. Déposez-la dans un saladier, couvrez-la au contact avec du film étirable en débordant largement, puis avec un torchon humide. Laissez-la pousser pendant 1 heure à température ambiante, dans un endroit tiède, puis au réfrigérateur pendant une douzaine d'heures. Sortez-la 2 heures avant de façonner les pizzas.

❷ Préchauffez le four à 250 °C, ou davantage si vous le pouvez, en chaleur statique.

❸ Parez les cébettes en retirant les racines et le vert foncé au bout. Réservez-en 2 ou 3 pour la finition, émincez-les finement. Faites cuire les autres à la poêle à feu moyen, avec un filet d'huile d'olive et un voile de sel, jusqu'à ce qu'elles soient tendres et commencent à dorer.

❹ Tournez les artichauts, taillez-les en tranches fines et citronnez-les. Coupez les rocamadours en morceaux.

❺ Dégazez et coupez la pâte pour obtenir 3 pâtons. Étalez finement le premier sur le plan de travail semoulé. Répartissez le tiers des cébettes cuites et des artichauts, salez un peu à la fleur de sel, ajoutez le tiers des morceaux de fromage et arrosez le tout d'un généreux filet d'huile d'olive. Enfournez sur une plaque en fer ou, idéalement, une pierre réfractaire préchauffée en même temps que le four. Surveillez. Quand les bords sont joliment dorés, c'est prêt. Préparez les deux autres pizzas de la même manière.

LA SEICHE
Psychotonique

Entre l'encre sépia des romantiques, les tentacules inquiétants ou sensuels des céphalopodes et les « os » ramassés sur la plage pour faire plaisir aux oiseaux, l'imaginaire de la seiche est au moins aussi foisonnant que celui de son cousin le poulpe, instagrammable jusqu'à la nausée. Roland Barthes faisait appel à elle, dans ses *Mythologies* (1957), pour persifler l'« idéologie bourgeoise » qui, « comme la seiche jette son encre pour se protéger, [...] n'a de cesse d'aveugler la fabrication perpétuelle du monde, de le fixer en objet de possession infinie, d'inventorier son avoir, de l'embaumer » — vaste débat du côté de la cuisine bourgeoise qui a du bon, voire du très très bon. L'encre de seiche, justement, est utilisée en Méditerranée pour ses notes iodées et son colorant puissant, dans un risotto, un arroz negro ou une bouillabaisse noire. La bête elle-même est savoureuse. Patrick Cadour, docteur ès cuisines de la mer, conseille de la précuire avec un départ à froid, à l'huile d'olive, pour lui faire rendre son eau avant de la mitonner en bonne et due forme. Mieux vaut l'acheter entière pour ne pas passer à côté de ses délicieux tentacules.

Paella minimaliste à la seiche

Joseph Delteil évoque dans La cuisine paléolithique *(1964) le geste et l'art du feu de la cuisinière expérimentée, « la main magique sur la paella, pour y flairer l'odeur de brûlé ». Le fond sombre et caramélisé qui se forme dans la poêle en métal nu, le socarrat, est bien plus troublant que les garnitures coûteuses et abondantes couvrant la plupart des paellas.*

LE FUMET DE POISSON
1 à 1,5 kg de poissons de roche
1 oignon
3 gousses d'ail
1 c. à c. de pimentón piquant ou un autre paprika fumé, doux si vous préférez
2 ñoras (petits poivrons séchés)

3 poireaux
3 tomates fraîches ou 1 boîte de 400 g de tomates concassées
2 branches de fenouil séché ou 1 petit bulbe de fenouil frais
2 feuilles de laurier
Huile d'olive
Sel

LE RIZ
500 g de riz pour paella, idéalement de la variété bomba
500 g de seiches nettoyées et coupées en petits cubes
5 gousses d'ail
1 grosse poignée de feuilles de persil plat

200 g de coulis de tomate ou 3 à 4 tomates
1,8 l de fumet de poisson frémissant
1 bonne pincée de safran infusé quelques heures dans un peu d'eau
15 cl d'huile d'olive
Sel

❶ Pour le fumet, vous n'aurez pas besoin de la totalité du bouillon pour la recette, mais vous pourrez y cuire des poissons en finition ou l'utiliser pour une autre préparation. Faites chauffer un généreux filet d'huile dans une marmite. Faites-y revenir à feu vif les poissons de roche, l'oignon émincé, l'ail haché, le pimentón, les ñoras et les poireaux détaillés en rondelles. Ajoutez les autres ingrédients et couvrez de 2,5 l d'eau. Ne lésinez pas sur le sel. Portez à ébullition puis laisser mijoter à feu doux avec un couvercle pendant 30 minutes. Coupez le feu, laissez reposer 30 minutes de plus, filtrez et réservez.

❷ Pour le riz, faites chauffer l'huile dans une poêle à paella de 50 cm de diamètre. Faites-y frire l'ail haché, le persil ciselé et le coulis de tomates. Ajoutez les seiches. Nacrez le riz, puis versez le fumet de poisson chaud et le safran. Salez et brassez une dernière fois. Laissez cuire 10 minutes à feu vif, puis 10 minutes à feu doux, sans jamais mélanger.

❸ Quand le riz est tendre (si nécessaire, ajoutez une louche de fumet et prolongez un peu la cuisson), remontez le feu et attendez que les ingrédients crépitent, dégagent une odeur de grillé et attachent un peu au fond. Stoppez la cuisson et laissez reposer 3 minutes.

LE FENOUIL SAUVAGE
Exorciseur

En 490 avant notre ère, les Grecs mirent les Perses en déroute dans l'Attique à Marathon dont le nom signifie en grec ancien « endroit où croît le fenouil ». Un messager, dépêché à Athènes pour annoncer la bonne nouvelle, mourut d'épuisement à son arrivée après une quarantaine de kilomètres de course. Vingt-cinq siècles après ce fâcheux footing qui a donné son nom à l'épreuve sportive, non seulement certains êtres humains courent encore des marathons, mais ces derniers sont payants (oui). D'autres se promènent le nez au vent, dans les sentiers méditerranéens ou les dunes bretonnes, pour récolter, du printemps à l'automne, le fenouil sauvage. Celui-ci se présente d'abord sous la forme de pluches tendres, vertes et anisées, avant de monter en longues tiges au goût plus puissant, produisant des fleurs jaunes en ombelles. À l'automne, place aux fruits ou graines que l'on utilise comme des épices. En Provence, on cueille traditionnellement le fenouil sauvage le 29 septembre, le jour de la saint Michel qui terrassa le dragon. On le fait alors sécher pour parfumer notamment les plats de poisson, les olives cassées et les limaçons qui raffolent autant du fenouil que les Marseillais raffolent des limaçons.

L'AIL NOUVEAU
Remède à tout

Dans l'ail de printemps, tout est bon, du bulbe nervuré à la queue dressée vers les cieux. Récolté avant que le feuillage et la tige ne fanent, il a la réputation d'être plus doux que le sec. On a pourtant goûté des gousses nouvelles bien plus puissantes que les similis maigrelets du supermarché. Le cuisinier nomade Emmanuel Perrodin, grand amoureux de l'ail, apprécie « son extrême vivacité, sans l'âcreté que peuvent avoir certains aulx séchés ». Il utilise sa tige bien verte pour parfumer les salades — avec parcimonie — ou, associée à des cébettes et du citron confit, pour condimenter un poisson ou des œufs. Quant aux gousses cuites entières, confites, rôties ou blanchies, elles se dégustent avec leur peau. D'un point de vue thérapeutique, la réputation de l'ail n'est plus à faire. D'après la légende, quatre brigands réussirent même, au Moyen Âge, à détrousser les trépassés de la peste sans être contaminés. Leur secret : une macération dans du vinaigre de plantes aromatiques et... d'ail. La recette du vinaigre des quatre voleurs, ancêtre odoriférant du gel hydroalcoolique, a traversé les siècles. Certains adeptes de traitements naturels conseillent encore de s'en frictionner régulièrement : une lotion efficace contre tout, même les relous.

Pâtes aux sardines fraîches et fenouil sauvage

Les pauvres Sardes ne nous ont rien fait, aussi avons-nous préféré revisiter cette recette de pasta con le sarde *avec des sardines.*

.... | POUR 4 PERSONNES | ....

400 g de spaghettis ou de spaghettonis
500 g de sardines fraîches
2 filets d'anchois à l'huile,
ou au sel (dessalés)
100 g de chapelure grossière
Le zeste râpé de 1 citron
1 oignon blanc
2 gousses d'ail nouveau ou sec

8 cl de coulis de tomates
1 petit bouquet de fenouil
sauvage de printemps
60 g de raisins secs
60 g de pignons de pin torréfiés
1 pointe de piment de Cayenne
Huile d'olive
Sel

❶ Levez les filets des sardines.

❷ Faites chauffer un filet d'huile d'olive et faites-y fondre les filets d'anchois. Ajoutez la chapelure et faites-la dorer en remuant. Hors du feu, ajoutez le zeste de citron et mélangez. Réservez.

❸ Faites bouillir une grande marmite d'eau salée. Plongez-y les spaghettis pour les cuire al dente.

❹ Pendant que l'eau chauffe, faites revenir l'oignon émincé et l'ail haché avec un généreux filet d'huile dans une grande poêle. Ajoutez le coulis de tomates et laissez cuire pendant 5 minutes. Incorporez le fenouil grossièrement ciselé (réservez-en un peu pour la finition), les raisins secs, les sardines, le piment et du sel. Poursuivez la cuisson à feu moyen pendant 5 minutes.

❺ Égouttez les spaghettis en conservant une louche d'eau de cuisson. Jetez-les dans la poêle avec la louche d'eau. Faites-les sauter pendant 30 secondes à 1 minute à feu vif, puis transvasez le tout dans un plat. Parsemez de pignons, de chapelure parfumée et des pluches de fenouil crues. Servez immédiatement.

❻ En fin de mois, voire au milieu ou même au début, vous pouvez remplacer les sardines fraîches par des sardines en boîte.

Garlic bread à l'ail nouveau en baguette accordéon

Pour plagier Arthur Teboul de Feu ! Chatterton, l'ail nouveau, on en rêvait tous,
mais que savions-nous faire de nos mains ? Zéro, attraper le Bluetooth, presque rien, presque rien.
Gardons l'espoir avec ce pain à l'ail.

POUR 4 PERSONNES

1 grande baguette
100 g de beurre demi-sel mou
1 tête d'ail nouveau, avec sa tige (il ne faudra pour
cette recette que la moitié des gousses)
1 grosse poignée de feuilles de persil plat

❶ Préchauffez le four à 200 °C.

❷ Retirez la peau épaisse, rose, autour de la tige et de la tête d'ail. Détachez les gousses sans chercher à retirer les membranes. Hachez le tout, têtes et queue, au mixeur. Ciselez finement le persil. Mélangez le beurre, l'ail et le persil.

❸ Coupez la baguette en tranches de 1 cm environ, sans aller jusqu'au bout. Glissez le beurre entre les tranches, tartinez le reste sur le dessus. Enveloppez la baguette dans du papier d'aluminium de façon à former une papillote. Enfournez pour 20 minutes, puis ouvrez la papillote et prolongez la cuisson de 5 bonnes minutes. Le dessus doit être bien doré.

❹ Dégustez chaud ou tiède.

LA RHUBARBE
Purgative

Ne nous fions pas au rose fillette de certaines recettes de rhubarbe, comme celle du sorbet de ce marché : sa tige est comestible, mais ses feuilles sont toxiques, son nom vient du latin **rheum barbarum** qui signifie plante barbare, et son acidité s'avère d'autant plus farouche que la variété est verte. Les Britanniques, qui l'aiment tant qu'ils en ont fait une AOP pour la rhubarbe forcée du Yorkshire, l'ont domptée avec du sucre dans de somptueux desserts. Cette cousine de l'oseille séduit aussi dans les plats salés, notamment pour corriger la lourdeur de viandes riches ou accompagner le poisson, comme le citron. Ses propriétés laxatives sont à l'origine de l'expression 100 % vegan « Passez-moi la rhubarbe, je vous passerai le séné », qui brocarde les personnes se rendant des services mutuels et complaisants dans leur propre intérêt. Elle a inspiré Molière, Rostand ou Brassens — « Et nous, copains, cousins, voisins / Profitant — on n'est pas des saints / De ce que ces deux imbéciles / Se passaient rhubarbe et séné / On s'partageait leur dulcinée ». Jean-Pierre Coffe assurait, dans la même veine, qu'il faut la choisir bien turgescente.

Sorbet rhubarbe-hibiscus

On a entendu dire que la mode était aux desserts à la rhubarbe géométriques, alors on a formé de belles baballes pour réviser la géométrie euclidienne des sphères et des boules de glace.

POUR ENVIRON 1 LITRE DE GLACE

750 g de rhubarbe rouge
220 g de sucre
1 bonne c. à s. de fleurs d'hibiscus séchées

❶ Pelez et effilez la rhubarbe, coupez-la en petits tronçons.

❷ Préparez un sirop en portant à ébullition 25 cl d'eau et le sucre. Plongez-y les tronçons de rhubarbe et les fleurs d'hibiscus. Portez de nouveau à ébullition puis laissez compoter à petits bouillons pendant 10 minutes.

❸ Laissez revenir à température ambiante, puis passez le tout au blender ou au mixeur plongeant. Réfrigérez pendant quelques heures. Passez en sorbetière ou en turbine. Si nécessaire, faites durcir le sorbet au congélateur 2 à 3 heures. Dégustez-le rapidement. Si vous tardez, vous devrez le laisser ramollir avant de le consommer, car il ne contient pas les additifs qui gardent les glaces du commerce bien moelleuses.

Nuggets de poulet et ketchup de rhubarbe

Un détenu de la maison d'arrêt de Niort a offert
à quatre jeunes gens cent euros – chacun – pour qu'ils lui envoient,
par-dessus les murs de la prison, des nuggets de poulet. On le comprend.

········· POUR 4 PERSONNES ·········

LE KETCHUP (POUR 2 POTS)	LES NUGGETS
1 kg de rhubarbe	*500 g environ de blancs de poulet*
1 gros oignon	*1 oignon*
1 gousse d'ail	*1 gousse d'ail*
150 g de sucre	*Sel et poivre du moulin*
5 cl d'eau	*100 g environ de farine*
5 cl de vinaigre de cidre	*1 c. à c. de piment doux*
½ c. à c. de 4–épices	*1 c. à c. de moutarde,*
½ c. à c. de piment doux	*en poudre si vous en avez*
1 pincée de piment de	*2 œufs*
Cayenne (facultatif)	*150 g environ de chapelure*
1 c. à c. de sel	*Huile pour friture*

❶ Le ketchup (à préparer au minimum la veille). Épluchez et effilez les tiges de rhubarbe, taillez-les en tronçons. Mettez-les dans une casserole avec l'oignon et l'ail pelés et coupés en morceaux, ainsi que les autres ingrédients. Faites cuire à feu moyen en remuant régulièrement. Quand la rhubarbe est très tendre, mixez pour obtenir une purée. Poursuivez la cuisson à feu doux, en mélangeant souvent, jusqu'à obtenir une consistance dense. Un couvercle anti-projections peut être utile. Versez dans des pots préalablement ébouil-lantés. Laissez le ketchup refroidir entièrement avant de le déguster. Il est meilleur après un jour ou deux.

❷ Mettez les blancs de poulet, l'oignon, l'ail, le sel et du poivre dans le bol d'un robot. Mixez pour obtenir un mélange homogène, sans trop insister. Dans trois assiettes, disposez dans la première la farine mélangée avec le piment doux, la moutarde et du sel, dans la deuxième, les œufs battus avec 2 cuillerées à soupe d'eau et, dans la troisième, la chapelure.

❸ Façonnez des boulettes de farce pas trop grosses avec les mains. Passez-les dans la farine, aplatissez-les légèrement pour former des petits palets, puis trempez-les dans l'œuf et enfin dans la chapelure.

❹ Faites chauffer 2 cm d'huile dans une grande poêle, à feu moyen. Faites-y cuire les nuggets en les tournant 2 ou 3 fois, jusqu'à ce qu'ils soient dorés. Déposez-les sur un plat couvert de papier absorbant, épongez-les et servez-les avec le ketchup.

LE YAOURT
Pour les intestins fragiles

En 1542, lors d'une rencontre au sommet, François Ier et Soliman le Magnifique bitchèrent sur l'empereur Charles Quint qui avait le menton en galoche et la goutte, se plaignirent du caractère intrusif de leurs mères respectives, Louise et Hafsa, puis évoquèrent la pénibilité des désordres intestinaux du premier. L'éminent souverain de l'Empire ottoman conseilla alors au roi de France de faire une cure d'un lait fermenté courant chez lui : le yaourt. Le premier buzz probiotique de l'histoire venait de se dérouler. En France, la réglementation exige que le yaourt soit élaboré avec deux ferments lactiques spécifiques, Lactobacillus bulgaricus et Streptococcus thermophilus, mais il existe dans l'histoire et dans le monde des centaines d'autres laits fermentés répondant certainement au même objectif que le fromage : conserver le lait. Dans les années 1950, la ravissante et italienne voiture Isetta fut surnommée « pot de yaourt », mais celle-ci est moins commode pour préparer le tzatziki, les brochettes de poulet chich taouk et les petits pains naan fourrés au fromage.

Cilbir
(œufs pochés au yaourt)

*En Turquie, on sert le cilbir au petit déjeuner avec du pain sorti du four,
mais c'est si bon qu'on s'en prépare au déjeuner, au dîner et même au goûter.
Voici la recette authentique de la mère de Soliman le Magnifique.*

POUR 4 PERSONNES

*400 g de yaourt grec bien épais, en grand pot
2 petites gousses d'ail nouveau
50 g de beurre doux
1 petite c. à c. de piment doux moulu
4 ou 8 œufs bien frais
2 c. à s. de vinaigre*

*QS de jus de citron
QS de sumac
1 poignée de feuilles de menthe ou une
autre herbe (aneth, coriandre, persil)
Sel fin, fleur de sel
et poivre du moulin*

❶ Sortez le yaourt du réfrigérateur entre 30 minutes et 1 heure avant de débuter la recette.

❷ Hachez très finement l'ail nouveau (inutile de retirer les membranes des gousses). Fouettez le yaourt avec l'ail et un peu de sel fin. Répartissez-le dans des assiettes creuses en formant un léger creux au centre.

❸ Mettez le beurre dans une petite casserole et faites-le fondre. Ajoutez le piment doux et laissez infuser à feu très doux.

❹ Préparez les œufs pochés. Cassez chaque œuf dans un petit verre ou ramequin. Portez à ébullition une grande casserole d'eau, puis versez le vinaigre. Créez un tourbillon avec une spatule puis glissez successivement et délicatement les œufs dans l'eau frémissante. Laissez cuire 3 minutes, en tournant

toujours à la spatule sans percer les œufs, puis sortez-les avec une écumoire. Si l'idée de préparer des œufs pochés vous donne envie de prendre un anxiolytique, rabattez-vous sur des œufs mollets, cuits dans leur coquille comme les œufs à la coque, mais 5 minutes. Fastoche. Stoppez leur cuisson sous l'eau froide et écalez-les.

❺ Déposez les œufs pochés au centre des assiettes de yaourt et donnez-leur un coup de couteau pour faire couler le jaune.

❻ Mélangez le beurre fondu pour bien répartir le piment doux, arrosez-en chaque assiette. Ajoutez quelques gouttes de jus de citron. Saupoudrez de sumac et de fleur de sel, de poivre éventuellement, puis parsemez de menthe ciselée. Servez sans tarder avec un bon pain pour saucer ou du garlic bread (voir recette page 34).

Cabri doucement confit en cocotte

Les cabris, plus petits que les agneaux, sont généralement abattus entre six à huit semaines et quatre mois. Leur chair délicate et maigre supporte aussi bien les aromates que les suppléments graisseux.

⸾ POUR 6 À 8 PERSONNES ⸾

2 épaules de cabri élevé
sous la mère d'environ
800 g chacune
1 grosse c. à s.
de saindoux ou
de l'huile d'olive
2 têtes d'ail nouveau
avec leur tige
2 citrons

1 lichette de vin blanc
sec, raisonnable, pas
à la manière de Maïté
(4 à 5 cl seulement)
1 belle branche
de romarin
Sel et poivre du moulin

❶ Préchauffez le four à 130 °C.

❷ Massez le cabri avec le saindoux ou l'huile d'olive. Salez, poivrez.

❸ Coupez les tiges de l'ail nouveau, retirez les membranes dures et hachez finement le reste. Coupez les têtes en deux, à l'horizontale. Taillez les citrons en tranches épaisses.

❹ Disposez le tout, avec vin blanc et romarin dans une cocotte en fonte et enfournez pour 3 heures environ.

❺ Servez avec des pommes de terre nouvelles sautées et bien dorées, et éventuellement une tapenade verte.

LE CABRI
Contre la morosité

De la même manière que la consommation de veau est liée à l'élevage laitier, le chevreau ou cabri est traditionnellement cuisiné dans les régions de fromage de chèvre. Ce lien échappe aux belles âmes qui, tout en s'empiffrant peut-être de toasts à la bûche caprine, ont envoyé des messages outrés à une copine cuisinière quand elle a partagé sur ses réseaux sociaux une photo de terrine de chevreau fermier. Elle achète la viande chez François Borel, chevrier-fromager à La Roque-d'Anthéron, dans les Bouches-du-Rhône. Celui-ci en avait marre d'envoyer les petits mâles en camion chez un engraisseur, quelques jours après leur naissance, pour ne garder que les chevrettes. Il a donc décidé, dans le cadre d'un projet d'abattage à la ferme mené avec la Confédération paysanne, de les laisser grandir sous les mères et de développer la vente de cabri, quitte à réduire un peu sa production fromagère. Pour ce numéro, son ami Franck Gouiran, comme lui producteur de brousse du Rove AOP, nous a offert un chevreau des collines odorantes bordant Marseille. Si l'on suit le cycle naturel des chaleurs et donc des mises bas, sa saison est courte et printanière. C'est bien sûr dans sa version fermière qu'il est le plus savoureux.

Profession : algoculteur !

Dans l'estuaire de la Rance, en Bretagne,
Magali Molla-Arbona et Jean-François
Arbona, à la fois producteurs et chercheurs,
ne font pas pousser des carottes, mais des
algues plébiscitées par la crème de la
gastronomie locale.

TEXTE
PIERRICK JÉGU

PHOTOGRAPHIES
ANNE-CLAIRE
HÉRAUD

CI-CONTRE

*À l'abri des tempêtes,
la Rance et les eaux
calmes de son estuaire
sont un terrain de jeu
magnifique et privilégié
pour les « voileux »,
les pêcheurs amateurs…
et les algoculteurs.*

SUR LES PHOTOS SÉPIA du passé, des scènes de la vie quotidienne en Bretagne montrent des hommes armés de fourche ramassant le goémon sur l'estran, le hissant sur des charrettes à cheval avant d'aller l'épandre sur leurs champs en guise d'engrais. Aujourd'hui encore, on peut assister, sur certains rivages, à ce ballet de goémoniers. Mais l'ère est à la modernité avec ces petits bateaux à cabine équipés d'un scoubidou : une sorte de bras-crochet hydraulique qui plonge dans l'eau, arrache les algues et autour duquel ces dernières – dont les longues laminaires – s'enroulent. Destinataires principales de cette activité : les industries cosmétiques et pharmaceutiques.

Récolte à consommer

L'exploitation des algues en Bretagne est donc loin d'être un scoop puisqu'elle date de plusieurs siècles. Reste que, ces dernières années, elle s'est considérablement développée grâce à l'intérêt croissant de la sphère agroalimentaire. Le monde de la gastronomie s'en éprend aussi, incarné par des artisans inventant des tartinables, comme ces tartares d'algues, mais aussi par de nombreux chefs qui se passionnent pour ce nouveau champ des

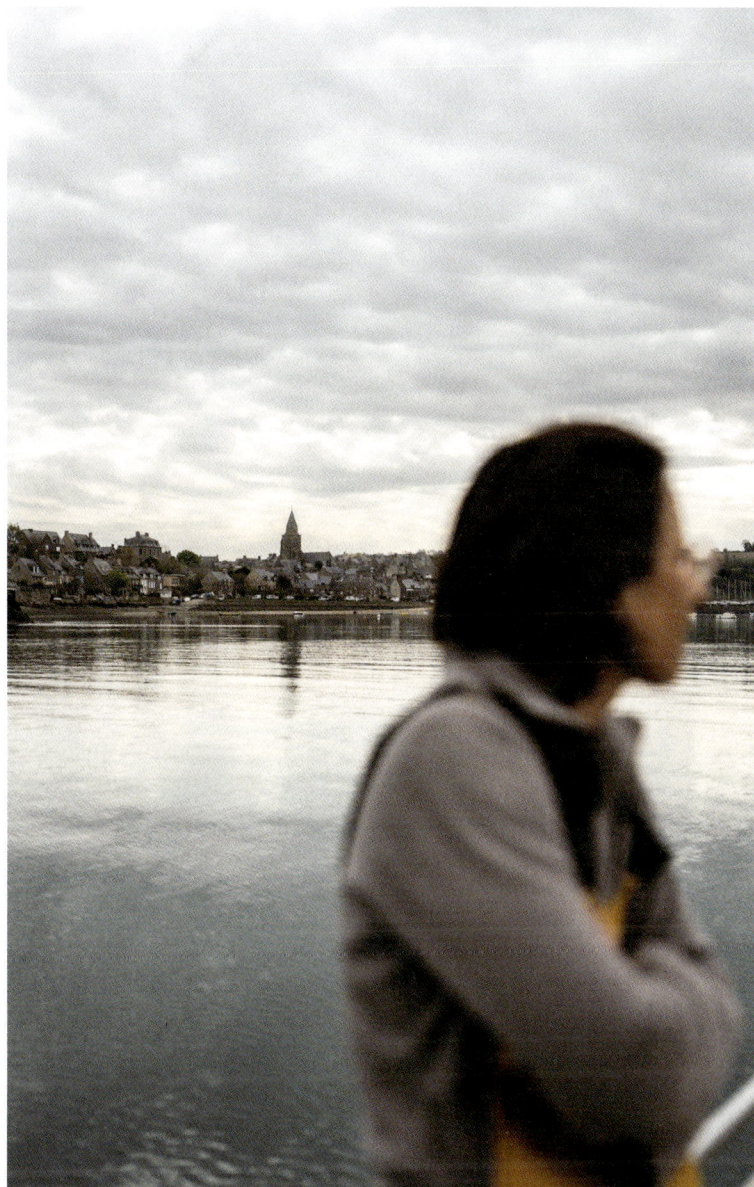

DOUBLE PAGE

Sur l'estuaire de la Rance, Saint–Suliac. L'un des plus beaux villages de France et son mouillage, très apprécié des plaisanciers. C'est aussi dans ce superbe décor que Magali et Jean–François mettent leur bateau et leur annexe orange à l'eau pour aller cultiver leurs algues.

possibles de goûts et de textures. Dans certains coins du littoral breton, notamment à Roscoff, on dénombre plusieurs centaines de variétés d'algues. Aujourd'hui, comme l'indique le Centre d'études et de valorisation des algues (CEVA) sur son site Internet, seules 25 d'entre elles sont autorisées pour une consommation alimentaire, algues brunes, rouges, vertes et micro-algues. L'immense majorité de la ressource provient de la récolte d'algues sauvages. Comparée à certains pays d'Asie où elle est extrêmement répandue depuis très longtemps, la culture des algues demeure assez timide dans l'Hexagone, portée par une petite poignée d'opérateurs, une demi-douzaine en

Bretagne. Parmi eux, Magali Molla-Arbona et Jean-François Arbona… Pour les rencontrer, il faut s'engager sur les bords de Rance, partagés entre Côtes-d'Armor et Ille-et-Vilaine. Long d'une centaine de kilomètres, le fleuve tient d'une mince rivière sur la première partie de son cours. À partir de Dinan, il coule dans une vallée bien plus large qui, au-delà du fameux barrage et de son usine marémotrice, le conduit à la rencontre de la Manche entre Dinard et Saint-Malo. Au passage, ses eaux méandrent dans les pleins et les déliés d'une campagne bretonne harmonieuse et flirtent avec les quais de délicieux petits ports, comme ceux de Mordreuc, Minihic-sur-Rance ou encore

DOUBLE PAGE

*Bottes et pantalon de
ciré jaune, l'uniforme
obligé de Magali
et Jean-François pour
aller travailler sur leurs
filières d'algues.*

Saint-Suliac. Classé parmi les plus beaux villages de France, « Saint-Su », comme disent les intimes, n'est pas pour autant une carte postale figée et totalement abandonnée aux flux et reflux touristiques.

Conviction et concession

Ce matin-là, sur la cale qui plonge dans l'estuaire classé zone Natura 2000, Magali et Jean-François chargent un peu de matériel sur leur petit bateau sans cabine, coquille de métal baptisée Eowin et immatriculée SM912324. À peine quelques minutes de navigation au moteur et le couple arrive sur son exploitation. Eh oui, ces gens-là sont cultivateurs, mais il leur faut un bateau et non un tracteur pour parcourir leur champ… d'algues de wakamé, kombu royal et alaria ! À peine en aval de Saint-Suliac, ils disposent d'une concession marine parcourue par environ six kilomètres de filières sur lesquelles sont fixées des cordelettes. Pour faire court, à partir de géniteurs ramassés en milieu naturel – pour maintenir une diversité génétique – et sur leurs filières, Magali et Jean-François créent leurs propres souches d'algues. D'août à décembre, ils en ensemencent les cordelettes et, quelques mois plus tard – d'avril à juin –, récoltent les algues. Entre-temps, comme un pêcheur va relever ses filets ou ses casiers, il faut enfiler bottes et ciré pour aller tirer sur les cordes et s'enquérir de la bonne croissance des algues avant de les récolter à maturité. Ici, elles profitent d'une biomasse riche pour se nourrir, sans avoir besoin d'apports extérieurs. L'autre intérêt de ce « merroir » est aussi d'être préservé de la houle. Les premiers essais de culture d'algues de Jean-François Arbona datent de 1983, à une

*La biomasse très riche
de la Rance permet une
croissance rapide et
harmonieuse des algues,
sans apports nutritifs
extérieurs.*

PAGE DE GAUCHE

*Kombu royal, alaria,
wakamé… Magali et
Jean-François cultivent
plusieurs variétés
d'algues. Un métier pas
de tout repos lorsqu'il faut
les récolter !*

époque où le sujet restait extrêmement confidentiel en France. Lui, Malouin pure souche, est diplômé d'un master en sciences appliquées. Magali, d'origine picarde, est ingénieure spécialisée dans les techniques de productions aquacoles. Ils se sont rencontrés à l'université de Galway, en Irlande, avant de revenir au « pays » et de fonder C-Weed Aquaculture en 2000. À leur passion pour les algues, ils joignent de très solides compétences scientifiques et des convictions profondes pour le respect de l'humain et de l'environnement. Beau chemin parcouru depuis leurs débuts « dans un garage, avec une bassine et un refroidisseur ». Aujourd'hui, ils disposent d'un

bel outil de travail, d'un laboratoire complet à Saint-Méloir-des-Ondes, à une vingtaine de minutes en voiture des bords de Rance. « On est interchangeables sur tous les postes, explique Jean-François, même si j'ai plus d'affinités avec la recherche et Magali davantage avec la production. » Au-delà de la production d'algues, l'autre volet de l'activité de C-Weed tient à la recherche : « Les métiers de production sont durs, donc on participe aussi à des projets, on échange, on développe, en lien avec différentes structures comme le CNRS ou la station biologique de Roscoff, dans le Finistère. » Depuis fin 2021, le couple dispose même d'une écloserie à Cancale : « Avoir un

DOUBLE PAGE

*L'expertise de Magali et Jean-François ne se limite pas à la
culture des algues et au pont de leur bateau. Grâce à leurs
grandes compétences scientifiques, elle se prolonge à terre
pour le séchage ou encore la transformation.*

accès direct à l'eau de mer nous permet de répondre à des appels à projets et d'engager des études environnementales autour des micro-algues et des macro-algues », explique Magali. Parmi leurs sujets de prédilection, le repeuplement des côtes par les algues, car il est notamment acquis que certaines d'entre elles disparaissent à cause du réchauffement climatique. C-Weed est très engagée en ce sens.

Texture, goût et atouts nutritionnels

Le travail très qualitatif de C-Weed n'est plus un secret pour personne, et surtout pas pour les chefs de la région. Sur le carnet de commandes de la maison, d'excellentes tables comme les restaurants *Tanpopo*, à Saint-Malo, *Petite Nature* et *Bercail*, à Rennes, le *Breizh Café* de Bertrand Larcher, à Cancale ou *Le Coquillage* de la famille Roellinger, à Saint-Méloir-des-Ondes. Kevin Dubois, chef du restaurant *Istrenn*, à Hirel, dans la baie du Mont-Saint-Michel est aussi un client fidèle : « J'ai depuis longtemps intégré les algues dans ma cuisine, notamment après un séjour au Japon. Je n'aime pas trop abuser du sel, et les algues en sont un bon substitut. Je les utilise beaucoup avec les

Algues en paillettes, algues en feuilles, épices marines baptisées Les Algues Folles… ne pas hésiter à faire son marché, histoire de pousser les portes d'un univers culinaire encore peu connu.

légumes et les poissons, notamment des espèces pas très fortes en goût comme le merlan ou le carrelet. J'enveloppe leurs filets d'une fine couche de wakamé, avant de les poêler. Outre le côté salin et iodé, et le parfum du wakamé légèrement grillé, cette technique a aussi l'avantage de préserver l'humidité de ces poissons qui, sinon, auraient tendance à sécher. » Si un ou deux clients de Magali et de Jean-François demandent des algues fraîches, le gros de leurs ventes aux restaurateurs est constitué d'algues déshydratées, labellisées bio, issues de l'algoculture sur les filières de Saint-Suliac ou de la cueillette sauvage. Grâce à un séchage doux et progressif, la texture, le goût et les qualités nutritionnelles des algues sont préservées. Algues en paillettes, algues en feuilles, épices marines baptisées Les Algues Folles, pâtes aux algues fabriquées par David Le Ruyet…, la boutique C-Weed, sur leur site Internet, foisonne d'excellents produits également vendus aux particuliers. Ne pas hésiter à faire son marché, histoire de pousser les portes d'un univers culinaire encore peu connu des maîtres queux du dimanche – algues et rôti de porc, ça fonctionne d'ailleurs très bien ! Et, encore mieux, pourquoi ne pas s'inscrire à l'un des ateliers de cuisine aux algues que Magali a créé en compagnie de la baroudeuse culinaire, Maud Vatinel, cheffe blogueuse dont le port d'attache est situé à Saint-Malo. À bon entendeur… *

Retrouvez notre carnet d'adresses page 192.

C' est
de sai son

Les petits pois

TEXTE	PHOTOGRAPHIES	RECETTES ET STYLISME
PHILIPPE TOINARD	ÉRIC FÉNOT	VALÉRY DROUET

Arrivés à Versailles par l'Italie, les petits pois
sont devenus le légume préféré de Louis XIV
qui en raffolait tant qu'il demanda à son
célèbre jardinier, Jean-Baptiste de La Quintinie,
d'en cultiver dans le potager du roi.
Trois cent soixante ans plus tard, les petits pois,
qu'ils se nomment cobalt, gordius, kelvil, cador,
avocette, proval, télévision ou orion, occupent
toujours une place royale dans les potagers.

DANS SON ÉDITION de 1938, le *Larousse gastronomique*, décrit ainsi les petits pois : « Par ces mots, on désigne, en langage culinaire, les pois verts frais. » Douze mots, pas un plus. Un peu léger pour une définition quand on sait que les petits pois sont présents sur notre bonne vieille Terre depuis au moins dix mille ans. Les auteurs auraient pu indiquer que les petits pois sont une variété de pois récoltée avant maturité et que, laissés dans leurs cosses, ils deviennent pois cassés. Eu égard à leur histoire, ils auraient mérité quelques lignes de plus, notamment celles de l'écrivain et poète, Raoul Ponchon (1848-1937). Parmi les milliers de vers et de citations de ce gastronome et buveur patenté, citons : « Vois comme Dieu fait bien les choses quelquefois ! Le pigeon n'est fameux qu'au temps des petits pois. » Parce que, oui, le pigeon, ou plutôt le pigeonneau, est meilleur au printemps – alors qu'on le consomme plutôt pour les fêtes de fin d'année – surtout quand il est escorté de ces fameux petits pois qui annoncent l'arrivée dudit printemps.

Histoire

Si les petits pois étaient, sous Louis XIV, dégustés en dessert, ils furent, il y a quelques millénaires, consommés secs et concassés avant d'être cuits. C'est ainsi, dit-on, qu'on les préparait en Iran, en Palestine et en Grèce. S'ils furent présents également, depuis la nuit des temps, en Asie, l'histoire ne nous dit pas comment ils étaient préparés. Ce que l'on sait, c'est qu'ils existent en Europe autour du XVIIe siècle notamment en Italie, aux Pays-Bas, mais aussi en Suisse avant de faire leur entrée à Versailles puis de s'implanter dans toute la France. L'Hexagone est d'ailleurs aujourd'hui le premier pays producteur de petits pois, avec un peu plus de 15 000 tonnes, devant le Royaume-Uni et l'Italie. C'est majoritairement dans les Hauts-de-France qu'il est cultivé et plus marginalement dans les régions des Pays de la Loire et du Centre. Une culture qui exige des rotations et beaucoup d'attention, une récolte laborieuse car réalisée à la main et un œil sur la montre et le calendrier car les petits pois ne supportent pas le stockage. Aussitôt cueillis, aussitôt expédiés, aussitôt vendus. Les petits pois ne sont excellents que frais.

Entrée, plat et dessert

Rarement dégustés crus, sauf en famille quand on se met autour d'une table pour les écosser et que l'on en chipe un de temps à autre – surtout les petits pour leur goût sucré – les petits pois, dont on dit qu'il en existe plus de 1 000 variétés, ont l'avantage d'être proposés à toutes les étapes de nos agapes, en chaud comme en froid. Pour être très honnête, on ne les croise plus guère au moment du dessert, mais vous n'êtes pas à l'abri de tomber sur une crème glacée aux petits pois, un sorbet menthe et petits

Suite page 64

Velouté froid de petits pois au chèvre frais et sarrasin grillé

| POUR 4 PERSONNES |

300 g de petits pois écossés
1 oignon jaune moyen
20 g de beurre
1 l de bouillon de légumes
1 branche de thym
140 g de chèvre frais
60 g de graines de sarrasin
Sel et poivre

❶ Épluchez et hachez l'oignon. Faites-le fondre 5 minutes dans une casserole à feu moyen avec le beurre. Ajoutez les petits pois, le thym, le bouillon. Salez, poivrez et portez à ébullition. Laissez cuire 15 minutes à feu moyen. Éteignez le feu, retirez la branche de thym puis mixez le tout avec un mixeur plongeant pour obtenir un velouté bien lisse. Ajoutez 90 g de chèvre frais en morceaux et mixez encore 30 secondes.

❷ Versez le velouté dans un récipient, laissez-le refroidir. Couvrez avec un film alimentaire au contact et placez 2 heures au réfrigérateur.

❸ Torréfiez les graines de sarrasin dans une poêle chaude à feu moyen 4 à 5 minutes en surveillant puis laissez-les refroidir sur une assiette.

❹ Au moment de servir, versez le velouté dans de petits bols, répartissez le reste de fromage de chèvre frais dessus et parsemez de sarrasin torréfié.

Œufs mollets frits en croûte de noisettes, nage de petits pois à l'huile d'olive et à l'estragon

┈┈┈┈┈┈┈┈┈┈ | POUR 4 PERSONNES | ┈┈┈┈┈┈┈┈┈┈

200 g de petits pois écossés
8 œufs + 2 jaunes
1 grosse échalote
1 gousse d'ail
8 cl d'huile d'olive
1 branche d'estragon
200 g de noisettes en poudre
Huile pour friteuse
QS de farine
Sel et poivre

❶ Faites bouillir une grande casserole d'eau salée. Plongez 8 œufs dedans et laissez cuire 6 minutes. Égouttez-les et rafraîchissez-les aussitôt dans un récipient d'eau froide pour stopper la cuisson. Écalez-les délicatement puis rincez-les sous l'eau froide. Essuyez-les sur un papier absorbant.

❷ Épluchez et hachez l'échalote et la gousse d'ail. Faites-les fondre 3 minutes dans une casserole à feu moyen avec 1 cuillerée à soupe d'huile d'olive. Ajoutez les petits pois. Versez 60 cl d'eau. Salez, poivrez et portez à ébullition. Laissez cuire 10 minutes. Récupérez à l'aide d'une écumoire environ un quart des petits pois et répartissez-les dans 4 assiettes creuses.

❸ Hors du feu, versez le reste d'huile d'olive dans la casserole des petits pois avec l'estragon. Mixez 3 à 4 minutes avec un mixeur plongeant de façon à obtenir un bouillon légèrement épais et mousseux.

❹ Déposez de la farine dans une première assiette, les jaunes battus avec 2 cuillerées à soupe d'eau froide, du sel et du poivre dans une deuxième assiette et la poudre de noisettes dans une troisième. Roulez les œufs mollets dans la farine puis dans les jaunes battus et terminez dans la poudre de noisettes. Passez-les une seconde fois dans les jaunes battus et la poudre de noisette pour former une belle croûte.

❺ Faites chauffer un bain d'huile de friture à 170-180 °C environ. Déposez les œufs dans le panier de la friteuse et faites-les frire 40 secondes environ. Égouttez-les sur une feuille de papier absorbant.

❻ Versez le bouillon de petits pois dans les assiettes creuses. Déposez 2 œufs panés par assiette et servez.

Vous n'êtes pas à l'abri de tomber sur une crème glacée aux petits pois, un sorbet menthe et petits pois ou une mousse de petits pois avec du mascarpone et du miel.

Suite de la page 60

pois ou une mousse de petits pois avec du mascarpone et du miel. À ces étonnantes propositions, on leur préfère les créations de chefs étoilés : celle de Glenn Viel, à l'Oustau de Baumanière, qui les présente façon yin et yang avec, sur une moitié de l'assiette, des petits pois parfumés à l'huile d'olive et à la menthe ciselée et, sur l'autre, du caviar Schrenki en provenance de Yunnan, en Chine. De son côté, Guy Savoy les propose en gelée, réalisée à partir du jus obtenu en centrifugeuse, surmontée d'une purée, de petits pois écossés disposés en couronne au centre de laquelle il vient placer un œuf mollet chaud. Quant à Alain Passard, il les associe cuits à du fenouil ciselé, des dés de courgette, un peu de menthe fraîche et des fraises qu'il dépose dans l'assiette au moment de servir.

À l'anglaise ou à la française ?

La première expression – à l'anglaise – est un mode de cuisson, la seconde – à la française – est une recette. « À l'anglaise » ne concerne d'ailleurs pas que les petits pois. Haricots, asperges, pommes de terre, brocolis et bien d'autres légumes peuvent être cuits de cette façon, c'est-à-dire versés dans environ (selon la quantité) 2 litres d'eau bouillante salée à hauteur de 5 grammes. À la reprise de l'ébullition, il faut compter 5, 10 ou 15 minutes – les avis divergent sur le sujet – puis les plonger dans l'eau glacée pour stopper la cuisson. Libre à chacun ensuite, comme le font certains chefs, d'enlever la peau de chaque petit pois en les pressant un à un entre le pouce et l'index. Fastidieux ! « À la française » est une recette attribuée dans un premier temps à Antonin Carême (1784-1833) puis à Jules Gouffé (1807-1877) et enfin à Auguste Escoffier (1846-1935) qui la popularise sur la base de 1,5 kilo de petits pois non écossés, 12 petits oignons, un cœur de laitue, un bouquet garni, 80 grammes de beurre et du sel. La moitié du beurre est mise à fondre dans une sauteuse. On ajoute les petits pois écossés, les oignons coupés en deux, le bouquet garni et le sel. On mouille ensuite avec un grand verre d'eau et on laisse cuire à couvert pendant une quinzaine de minutes. À l'issue de ce temps, on retire les ingrédients, on fait réduire le jus et on remet le tout, sauf le bouquet garni, avec le cœur de laitue en morceaux et le reste de beurre. Il ne faut pas que la laitue cuise et l'ensemble des ingrédients doit donner l'impression d'être glacé. Quant aux lardons dans la recette de petits pois à la française, c'est un peu comme la crème dans les pâtes à la carbonara : totalement proscrit ✳

Râble de lapin aux petits pois et à la moutarde

POUR 4 PERSONNES

4 petits râbles de lapin
500 g de petits pois écossés
1 oignon jaune
4 c. à s. de moutarde ancienne
30 g de beurre
10 cl de vin blanc
20 cl de bouillon de volaille
1 petite branche de romarin
2 c. à s. d'huile de tournesol
Sel et poivre

❶ Épluchez et émincez l'oignon. Salez et poivrez l'intérieur des râbles puis badigeonnez l'intérieur avec la moitié de la moutarde et ficelez-les.

❷ Préchauffez le four à 180 °C.

❸ Faites chauffer l'huile de tournesol dans une grande sauteuse. Saisissez les râbles dedans pendant 3 minutes de chaque côté à feu vif. Retirez-les et déposez-les sur une assiette. Mettez l'oignon ciselé dans la sauteuse et laissez-le fondre 3 minutes à feu moyen. Ajoutez le beurre et les petits pois. Versez le vin blanc quand le beurre est fondu. Faites bouillir 3 minutes puis ajoutez le bouillon de volaille et le romarin. Salez et poivrez.

❹ Badigeonnez les râbles saisis avec le reste de moutarde, déposez-les dans la sauteuse avec les petits pois. Placez la sauteuse dans le four et laissez cuire 25 minutes. Servez bien chaud.

180℃ #27 printemps **65**

Filets de merlan meunière aux petits pois à la française

POUR 4 PERSONNES

4 filets de merlan avec la peau
500 g de petits pois écossés
1 botte de petits oignons nouveaux
1 cœur de laitue
1 c. à c. bombée de sucre
2 branches de thym
80 g de farine
70 g de beurre
3 c. à s. d'huile de tournesol
Sel et poivre

❶ Épluchez les oignons nouveaux en laissant un peu de tiges vertes. Taillez le cœur de laitue en quatre.

❷ Faites fondre 40 g de beurre dans une sauteuse. Ajoutez les oignons nouveaux et le cœur de laitue et laissez-les fondre 5 minutes à feu moyen. Ajoutez les petits pois, le sucre, le thym. Salez et poivrez. Enrobez les petits pois dans le beurre puis versez un peu d'eau dans la sauteuse à peine à hauteur des petits pois. Couvrez les petits pois avec une feuille de papier sulfurisé et laissez cuire 15 minutes à feu moyen.

❸ Assaisonnez les filets de merlan et passez-les dans la farine. Faites chauffer l'huile et le reste du beurre dans une grande poêle. Faites cuire les filets de merlan 2 minutes de chaque côté à feu vif.

❹ Retirez les petits pois de la sauteuse. Faites réduire le jus de cuisson quelques minutes à feu vif. Remettez les petits pois à chauffer dedans pendant 30 secondes. Répartissez les petits pois dans les assiettes avec les filets de merlan et servez.

DOSSIER SPÉCIAL

Ça pue
pour les fromages au lait cru

PHOTOGRAPHIE
ÉRIC FÉNOT

LES FROMAGES,
DEUX SALLES, DEUX AMBIANCES

Avec un peu plus de 26 kilos par an et par habitant, les Français sont parmi les plus gros consommateurs de fromage au monde et l'offre produite dans l'Hexagone est pléthorique avec quelque 1 200 fromages répertoriés. Tous ne sont pas au lait cru, loin de là, même dans les AOP et les IGP, et nombreux sont les lobbies et les multinationales de l'agroalimentaire qui aimeraient les voir disparaître.

L E 30 JANVIER 2020, le Conseil national des appellations d'origine laitières (CNAOL) et l'Institut national de l'origine et de la qualité (Inao) organisaient, à Paris, un colloque sur les fromages au lait cru : « Entre risques et bénéfices, la diversité au cœur du débat ». Deux intervenants, François Casabianca et Philippe Jeanneaux se voulaient rassurants : « Chaque année, sur les huit dernières années, les fromages au lait cru enregistrent une croissance en volume de 1 %. » Encourageant, certes, mais force est de constater que les fromages au lait cru ne représentent qu'un faible pourcentage du tonnage produit chaque année. En effet, sur les 1 706 630 millions de tonnes de fromages produites en France en 2018, ceux au lait cru ne représentent que 206 000 tonnes pour la production laitière (coopératives ou fruitières) et 70 000 tonnes pour la production fermière. Un chiffre beaucoup trop bas pour Véronique Richez-Lerouge, présidente de l'association Fromages de terroirs, qui le justifiait dans Le Grand Entretien qu'elle nous avait accordé

© Solange Gautier

PAR
PHILIPPE TOINARD

dans le numéro 20 de *180°C* : « Pour nos industriels, pasteuriser un lait coûte moins cher. Un lait cru exige plus de contrôles, donc des coûts plus élevés, or l'objectif de l'industriel, c'est de toujours les réduire. Et puis, l'industriel aime à rappeler que c'est sans risques. On a beau lui soumettre toutes les études qui montrent que le lait cru est bon pour la santé, il vous rétorquera systématiquement qu'il est préférable de l'éviter et vous sortira des études qui prouvent le contraire. »

Activisme hygiéniste

Les fromages au lait cru sont-ils vraiment dangereux pour la santé ? Ils ne sont pas sans risques, c'est certain, notamment lorsque l'on aborde la question de la bactérie *Escherichia coli*. 54 % des contaminations par cette bactérie sont liés aux steaks hachés, 20 % aux rapports interhumains, 20 % aux légumes mal lavés et seulement 3 % aux fromages. Le lait cru est donc une source de contamination potentielle,

DOSSIER
SPÉCIAL

Ça pue
pour
les *fromages
au lait cru*

mais, comme le souligne Véronique Richez-Lerouge : « Personne ne réclame la fin de la production des steaks hachés alors que tout est fait pour montrer du doigt le lait cru. » Certains pays ont opté pour une solution radicale, tout stériliser, car le microbe est l'ennemi mais, comme l'indiquait Éric Oswald, professeur de bactériologie, au cours du colloque de janvier 2020 : « Le microbiote participe à l'éducation de notre système immunitaire, la diversité microbienne joue un rôle important, l'émergence de maladies métaboliques et auto-immunes est associée à l'appauvrissement de nos microbiotes. » Et cet appauvrissement peut être contré par la consommation de fromages au lait cru car, et de nombreux scientifiques l'ont prouvé, leur flore microbienne enrichit le microbiote intestinal et, finalement, renforce le système immunitaire. Quant aux bactéries du lait cru, elles ont une incidence positive sur des pathologies comme les allergies ou l'asthme. Malgré ces études, les industriels, la grande distribution et même les agences sanitaires se couvrent et ouvrent le parapluie. Il suffit de se rendre sur le site du ministère de l'Agriculture pour effectivement prendre conscience de l'effet parapluie. Il y est clairement indiqué : « Le lait cru peut représenter un risque important pour les jeunes enfants et particulièrement ceux de moins de 5 ans. Ils ne doivent pas consommer de lait cru ou de fromages au lait cru sauf les fromages à pâte pressée cuite comme le gruyère, le comté, l'emmental, l'abondance ou le beaufort, les fromages fondus à tartiner et les fromages au lait pasteurisé. » Or, comme aime à le préciser la présidente de l'association Fromages de terroirs : « Des risques, même dans un monde pasteurisé, il y en a. »

Certaines AOP et IGP indignes de leur rang

Toujours selon le site Internet du ministère de l'Agriculture, les fromages sous signe officiel de qualité (AOP ou IGP) sont des produits qui garantissent des aliments de qualité, typiques, ou élaborés dans le respect de l'environnement et du bien-être animal. Ils font partie du patrimoine alimentaire français et sont un outil essentiel de valorisation des productions pour les opérateurs économiques et de dynamisme dans nos territoires. Mais, parce qu'il y a un mais, ils ne sont pas tous fabriqués à partir de lait cru. En 2020, 27 345 tonnes de fromages sous indication géographique protégée (IGP) et 205 049 tonnes de fromages sous appellation d'origine protégée (AOP) ont été commercialisées. 22,2 % de ces AOP ne sont pas au lait cru ou pas entièrement car dans chaque appellation se côtoient défenseurs du lait cru et adeptes du lait thermisé ou pasteurisé. Le site des AOP laitières ne classifie pas ses 46 porte-drapeaux selon le type de lait. Il faut donc feuilleter le cahier des charges de chaque appellation pour découvrir celles qui ont cédé, totalement ou en partie, à la pasteurisation. Parmi elles, le bleu d'Auvergne, le bleu des Causses, le bleu du Vercors-Sassenage, l'époisses, la fourme d'Ambert, la fourme de Montbrison, le langres, le livarot, le munster, le neufchâtel, l'ossau-iraty, le pont-l'évêque, le saint-nectaire, le cantal, le chaource... Des grands noms de notre patrimoine fromager qui déconcertent les palais des consommateurs confrontés un jour à un fromage AOP fadasse et sans âme et le lendemain à une pépite toujours sous AOP aux arômes subtils et à une richesse sensorielle. Aucune étude, aucun sondage n'indiquent que les consommateurs ne veulent que des fromages au lait cru, mais les amateurs attendent au minimum de chaque fromage de brebis, de chèvre ou de vache façonné par des passionnés qu'il ait du caractère, de l'authenticité, de la typicité et le goût de son terroir en fonction des saisons et de l'alimentation des animaux. Les consommer, les partager, c'est préserver une agriculture paysanne, soutenir un savoir-faire, assurer aux agriculteurs une rémunération digne de leurs engagements et faire acte de résistance face à des industriels sans vergogne pour lesquels le profit passe avant le goût ✳

BANC DES MINISTRES

BANC DES MIN

DOSSIER
SPÉCIAL

Ça pue
pour
les fromages
au lait cru

Le GRAND ENTRETIEN

Richard Ramos

« Le modèle industriel du lait repose sur la modélisation des coûts, donc la modélisation des goûts »

Député MoDem du Loiret, ancien chroniqueur gastronomique, Richard Ramos défend les produits de terroir contre ce qu'il appelle « l'uniformisation des goûts ». Depuis les bancs de l'Assemblée nationale, il a bataillé pendant un an contre la révision du cahier des charges de l'AOP camembert de Normandie qui aurait permis la pasteurisation du lait. Il justifie ses choix, souligne le rôle très politique de l'Institut national de l'origine et de la qualité (Inao) et raconte comment il a dû mettre tout son poids dans la balance face aux lobbies pour gagner la partie.

PROPOS RECUEILLIS PAR GÉRALDINE MEIGNAN
PHOTOGRAPHIES PATRICK SWIRC

Vous avez fait de la défense du camembert de Normandie au lait cru AOP un de vos chevaux de bataille à l'Assemblée nationale. Pourquoi avoir porté le combat précisément sur le lait cru et non sur un autre produit de terroir ?

Richard Ramos Le lait, c'est le produit emblématique de notre civilisation. Il fait partie des ingrédients incontournables de notre alimentation, que ce soit à travers les fromages ou les produits laitiers. Or, plus que n'importe quel autre aliment, c'est une histoire de tour de main et de géographie. Un lait cru est un lait qui ressemble à l'endroit où la vache a pâturé. Pour une raison simple : une herbe d'alpage n'aura pas le même goût que de l'ensilage. Ce n'est donc pas un hasard si, à un moment donné, le camembert s'est fabriqué en Normandie. Il y pleut suffisamment, il fait rarement plus de 24 °C et les vaches, en étant nourries à l'herbe, s'approprient le territoire. Il ne faut pas oublier que manger n'est pas qu'une histoire de calories. C'est aussi une occasion de raconter une géographie, une histoire, un savoir-faire. Le lait cru englobe tout ça.

Forcément, ce n'est pas tout à fait la vision des industriels qui, à l'inverse, cherchent à standardiser leur processus de fabrication.

R. R. Leur intérêt est de vendre le même produit partout dans le monde. Ils n'ont donc que faire des subtilités et des différences de terroir. Au contraire, il leur faut unifier leur processus de fabrication pour conserver leur avantage compétitif. Le problème, c'est que c'est un système qui repose sur la modélisation des coûts, donc la modélisation des goûts. C'est ce que j'appelle la « coca-lisation » des produits de terroir. Et, à ce compte-là, on finira par tous manger la même chose, et, inévitablement, par tous penser la même chose. Quand j'ai été élu député, les représentants de l'industrie laitière n'ont pas tardé à venir dans mon bureau pour m'expliquer que, si je persistais à défendre le lait cru, j'allais tuer l'industrie française et notamment Lactalis, le numéro 1 mondial [camembert Président®, beurre Bridel®, Roquefort Société®... NDLR]. On vit dans une société où l'entreprise a une fâcheuse tendance à prédominer sur le monde de l'éthique et du politique. C'est aussi ça le problème.

« C'est ce que j'appelle la « coca-lisation » des produits de terroir. Et, à ce compte-là, on finira par tous manger la même chose, et, inévitablement, par tous penser la même chose. »

**DOSSIER
SPÉCIAL**

Ça pue
pour les **fromages**
au lait cru

Le lobby du lait est réputé pour être puissant en France. Quelles armes a-t-il employées ? Comment les avez-vous combattues ?

R. R. Le lobbying, c'est quelque chose de très insidieux, de très feutré qui consiste à fabriquer du cognitif faux. La méthode est largement éprouvée : il suffit de trouver une poignée de scientifiques qui ont besoin d'argent et de leur demander d'expliquer que, le lait cru, ça tue. Pour le faire savoir ensuite, vous organisez des assises, financées par une fondation quelconque, et vous diffusez l'information un peu partout. Parallèlement à ça, vous créez de la connivence en invitant des parlementaires dans des restaurants chics, une sorte de Rotary Club de la malbouffe. Enfin, et c'est le dernier élément, vous misez tout sur le discrédit : vous répandez l'idée selon laquelle Richard Ramos est fou. C'est simple, dans cette affaire, ▷

emmenée par Lactalis, les industriels ont utilisé les trois moyens. Mais, que l'on ne se trompe pas, je n'ai rien contre l'industrie agroalimentaire française, au contraire. Simplement, il faut qu'elle réponde à la demande sociétale qui réclame davantage de naturalité. Le consommateur est devenu un « consom'acteur ». Si l'industrie n'est pas capable d'enlever les poudres de perlimpinpin, d'arrêter de triturer les produits et de déstructurer la matrice des aliments, elle va perdre des parts de marché. C'est inévitable.

Dans la bataille du camembert de Normandie au lait cru AOP, le rôle de l'Inao a pu paraître ambigu. Est-ce de l'impuissance, un manque de moyens ou l'influence des lobbies ?

R. R. Il suffit de regarder la composition de l'Inao pour se rendre compte que c'est un organisme très « politique ». L'actuelle directrice générale [Marie Guittard, NDLR] est une ancienne conseillère agricole d'un premier ministre socialiste. Cela veut dire quoi ? Que si l'Inao avait une devise, ce serait de surtout ne pas faire de vagues. Un fonctionnaire ne sera jamais

DOSSIER
SPÉCIAL

Ça pue
pour les **fromages**
au lait cru

viré pour ce qu'il n'a pas fait. Il a donc tout intérêt à ne rien faire. Le problème, c'est que, ce faisant, l'Inao ne défend pas le bien manger alors que c'est précisément sa mission, son ADN. Au départ, pourtant, dans l'affaire du camembert de Normandie au lait cru, la volonté d'avancer affichée par l'Inao m'a semblé sincère. Mais, très vite, des freins, pour ne pas dire des obstacles, sont apparus. Probablement, le fruit d'un travail de lobbying de la part de l'industrie. Le problème, c'est qu'on ne donne pas suffisamment les moyens à la force publique d'effectuer son travail. Or, l'alimentation fait partie des pouvoirs régaliens de l'État. Il se doit de la défendre – et donc de la financer – au même titre que l'éducation, la santé ou la culture. Il n'y a pas de mystère, quand vous enlevez de la force publique et que vous dépendez d'une force financière privée, vous vous retrouvez sous dépendance.

Les adversaires du lait cru mettent en avant le risque pour la santé que représente la possible contamination du lait par des bactéries pathogènes présentes dans le tube digestif des vaches. D'ailleurs, régulièrement, des fromages contaminés à la bactérie Escherichia coli *sont rappelés par les autorités en France. C'est donc qu'il y a bien un danger ?*

R. R. On boit du lait cru depuis la nuit des temps. J'ai plutôt le sentiment que ça a nourri les hommes, plus que ça les a tués. C'est sûr que le meilleur moyen de ne pas courir de risque, ce serait de manger des pilules, de tout hygiéniser. Malheureusement – et c'est désormais prouvé – vouloir tout aseptiser n'est pas forcément bon pour la diversité du

microbiote. Elle est pourtant essentielle. De toute façon, la défense du lait cru, ce n'est qu'une question de temps. Et moi, dans ma fonction de député, je ne suis qu'un accélérateur de temps.

Après les fromages industriels, vous êtes parti en guerre contre les nitrites dans les produits de charcuterie que vous voulez faire interdire par une loi qui sera débattue en 2022. Là encore, vous vous attaquez à un lobby puissant, celui des industriels de la charcuterie...

R. R. Le constat est simple, et ce n'est pas moi qui le dis, mais l'Organisation mondiale de la santé : les sels nitrités sont un poison avéré. Sous les coups de butoir de mes questions, lors de la mission d'enquête parlementaire qui m'a été confiée, Bernard Vallat, le président de la Fédération française des industriels charcutiers traiteurs (FICT) l'a d'ailleurs reconnu. Il l'a même chiffré : les nitrites tuent au moins 1 000 personnes chaque année en France. Cela n'a pas empêché les industriels de la charcuterie de s'en prendre à l'application Yuka pour avoir dénigré leurs produits et relayé une pétition demandant l'interdiction des additifs nitrités. Aux quatre coins de la France, ils ont traîné la start-up devant les tribunaux de commerce, là où les connivences locales sont les plus fortes et où on ne juge pas sur le fond, mais sur les préjudices en termes d'image. Leur objectif est clair : pousser Yuka au dépôt de bilan. Le problème, c'est que, là encore, les décisions de justice se font sur la foi des avis de l'Autorité européenne de sécurité des aliments, dont certains experts sont notoirement en conflits d'intérêts ✳

DOSSIER
SPÉCIAL

Ça pue
pour les *fromages*
au lait cru

Technique
mais pas trop

Pâtes molles, pressées, persillées, fondues ...

RÉVISONS LE FROMETON

Ils déclenchent des guéguerres
(gruyères suisse et français), des embargos
(américain...), des allergies ou des intolérences
(caséine, lactose), des dégoûts et bien des débats,
mais surtout des passions de dingue. Les fromages,
fiers produits de l'Hexagone, ne comptent pas pour
du beurre. Monsieur de La Fontaine, déjà, en savait la
valeur et faisait dire à son renard qui venait de chiper
un frometon à ce fat de corbeau : « Mon bon Monsieur,
apprenez que tout flatteur vit aux dépens de celui qui
l'écoute. Cette leçon vaut bien un fromage sans doute. »
Et ces fromages valent bien une leçon sans doute.
Révisions en 10 points.

TEXTE
Valérie Bouvart
ILLUSTRATIONS
Solange Gautier

Quel est l'élément principal composant le fromage ?

Le lait, ça coule de source. Il provient de trois « fontaines à lait » : les vaches, les chèvres et les brebis. Les fromages au lait de vache sont, de loin, les plus nombreux et représentent plus de 90 % des volumes produits. Une vache laitière donne de 20 à 30 litres de lait par jour, une chèvre, de 2 à 5 litres, et une brebis de 0,5 à 1 litre. Ceci explique cela.

Qu'est-ce qu'un fromage au lait cru ?

Un fromage rudement bon qui a le goût de son terroir avec plein de machins vivants dedans et c'est une fierté française. Même pas peur. Les fromages au lait cru sont issus d'un lait qui n'a pas été chauffé au-delà de 40 °C au cours de sa fabrication. Du coup, les 100 millions à 1 milliard de micro-organismes par gramme présents naturellement après la traite sont préservés. Tout ce petit monde bosse à qui mieux mieux, de la transformation du lait à l'affinage : bactéries, levures et moisissures apportant, chacune selon son talent, saveur, texture, odeur, couleur à un fromage digne de ce nom. Chauffé entre 40 °C et 72 °C au moins 15 secondes, le lait est dit thermisé ; au-delà de 72 °C pendant 15 secondes, le lait est pasteurisé.

La flore vivante des fromages au lait cru est bénéfique à notre microbiote et donc à notre santé, mais, forcément, elle engendre aussi des risques (faibles et de plus en plus rares) de développer des bactéries pathogènes (*listeria*, bactérie *E. coli*). Les autorités sanitaires recommandent aux enfants de moins de 5 ans, aux femmes enceintes et aux personnes dont le système immunitaire est affaibli de ne pas consommer de fromages au lait cru et devinez quoi ? Les fromagers ne sont pas d'accord.

Comment le lait caille-t-il ?

C'est le principe de base de la fabrication du fromage qui fait passer le lait de l'état liquide à l'état solide par coagulation. Cela s'obtient de deux façons : par acidification du lait ou par

DOSSIER
SPÉCIAL

Ça pue
pour les fromages
au lait cru

l'action d'enzymes, la présure. Dans le premier cas, le lait s'acidifie progressivement grâce à ses ferments lactiques (on peut en ajouter pour booster le processus) et acquiert une texture molle en se figeant, le fromage de chèvre frais par exemple. C'est le caillé lactique. Dans le second cas, apparu avec l'élevage, on ajoute un cocktail d'enzymes contenu dans l'un des estomacs du veau, du chevreau ou de la brebis non sevrée : la caillette qui va provoquer la formation d'un caillé plus solide et imperméable, le caillé présure.

C'est quoi cette présure ?

Ce sont deux enzymes – la chymosine et la pepsine – contenues dans l'estomac des jeunes ruminants qui leur permettent de digérer le lait. Les hommes préhistoriques auraient découvert, en dépeçant les jeunes animaux, que le lait ingurgité s'était solidifié formant une masse… qui se consommait et se conservait. Pas con, Cro-Magnon. Ces enzymes cassent les protéines du lait (la caséine), modifiant sa structure en la solidifiant. Dans la cuve du fromager, le caillé obtenu se dépose au fond du récipient, un liquide surnage, c'est le lactosérum, appelé petit-lait. Égoutté, moulé, salé, parfois cuit, affiné, le caillé va donner la multitude de nos fromages. S'il existe d'autres alternatives, coagulants d'origine végétale ou microbiens, une majeure partie de nos fromages est fabriquée grâce à de la présure animale. C'est d'ailleurs une des conditions pour obtenir une appellation d'origine protégée (AOP) ou un Label rouge.

Des pâtes, des pâtes, oui, mais lesquelles ?

Les fromages peuvent être répartis en 9 grandes familles selon leur texture :

※ **Les fromages frais.** Caillé à dominante lactique, égoutté naturellement, moulé ou non, sans croûte. Brousse du Rove, petit-suisse, fromage blanc …

※ **Les pâtes molles à croûtes fleuries.** Caillé ni pressé ni cuit, croûte blanche duveteuse, pâte souple. Affinage de quelques semaines. Camembert de Normandie, brie de Meaux ou de Melun, chaource, crottin de chavignol, rocamadour…

※ **Les pâtes molles à croûtes lavées.** Caillé ni pressé ni cuit, croûte orangée, pâte onctueuse. Affinage de quelques semaines à quelques mois au cours duquel les fromages sont lavés ➢

⤳ (ou frottés) à l'eau salée ou à un alcool. Époisses, langres, livarot, maroilles, munster, vacherin du Haut-Doubs…

✳ **Les pâtes pressées non cuites.** Caillé jamais chauffé au-delà de 50 °C, pressé pour éliminer le petit-lait, croûte fleurie, lavée ou naturelle, plus ou moins abondante, affinage de quelques mois à plus d'une année. Cantal, morbier, ossau-iraty, reblochon, saint-nectaire, mimolette…

✳ **Les pâtes pressées cuites (ou pâtes dures).** Caillé essentiellement de lait de vache chauffé à 57 °C, pressage intense, croûte dure, affinage de six mois à plusieurs années avec lavage, brossage, retournement. Abondance, beaufort, comté, emmental de Savoie, gruyère français…

✳ **Les pâtes persillées (ou bleus).** Caillé ensemencé de *Penicillium roqueforti* (ou de *Penicillium glaucum* – gorgonzola), affinage de 12 à 30 semaines. Roquefort, bleu d'Auvergne, bleu de Gex, fourme de Montbrison…

✳ **Les fromages de lactosérum.** Fabriqués à partir de petit-lait, et non de caillé, chauffé et moulé, pâte blanche et humide, pas de croûte. Brocciu, brousse…

✳ **Les pâtes fondues.** Conçues à partir de la fonte de fromage à pâte pressée cuite avec ajout de lait, parfois de crème, de sels et d'aromates. Cancoillotte, crème de maroilles…

✳ **Les pâtes filées.** Caillé découpé en morceaux plongés dans l'eau bouillante puis brassés jusqu'à l'obtention de fils. Spécialités italiennes : mozzarella, burratta, provolone…

C'est quoi le *Penicillium roqueforti* ?

Un champignon microscopique de la famille de la pénicilline (le fameux antibiotique) qui a été baptisé du nom du premier fromage dans lequel on l'a étudié (le roquefort). Il existe des centaines de souches de *Penicillium roqueforti*, chaque fromager utilisant des souches spécifiques à chaque fromage. Pour que les moisissures se développent, il leur faut de l'air :

les futurs bleus sont transpercés de fines aiguilles – le piquage – créant des « cheminées » qui vont permettre la circulation de l'air dans le fromage. Il faut plus de 50 trous par fromage. Le champignon se développe d'abord au centre puis progresse vers les bords : les bleus sont les seuls fromages qui s'affinent de l'intérieur vers l'extérieur.

Comment se forme la « fontaine » du langres ?

Ce fromage de Champagne ressemble à un volcan d'Auvergne. Au lait de vache, bénéficiant d'une AOP, le langres a une forme tronconique marquée d'une dépression centrale, une cuvette, quand la majorité des fromages est bombée. Cette pâte molle à croûte lavée n'est simplement pas retournée lors de son affinage de 15 à 21 jours : l'humidité qui se forme alors dans la pâte dégringole vers le bas entraînant ainsi au sommet du fromage un creux nommé « fontaine ».

DOSSIER
SPÉCIAL

Ça pue
pour
les ***fromages***
au lait cru

Comment naissent les trous
dans certains fromages ?

L'emmental français ou suisse a des gros trous, le gruyère français et l'appenzel suisse des petits trous et le gruyère suisse pas de trou du tout. Nulle histoire de préférence gustative d'une souris là-dedans. Ces cavités se forment par une réaction due à la fermentation. Les meules de ces fromages à pâte pressée cuite sont déposées dans des caves à environ 15 °C. Ce qui est chaud et favorise l'activité des bactéries, qui en consommant l'acide lactique, dégagent du gaz carbonique bloqué par la croûte dure de cette famille de fromage. D'où les trous. Pour stopper la formation de ces cavités, les meules sont replacées dans des caves froides. Plus la température de départ est élevée, plus les trous sont importants. 16 °C pour le gruyère français (petits trous), 20 à 22°C pour l'emmental (gros trous).

D'où vient la délicieuse odeur
de certains fromages ?

L'odeur du fromage provient de la fermentation du lait cru. Les bactéries, levures et moisissures se régalent des protéines et matières grasses contenues dans le caillé. En se propageant, bactéries et enzymes produisent des composés chimiques qui contiennent du soufre, des cétones, des esters ou des acides. Tout ce petit monde dégage des odeurs, distinctes d'une bactérie à l'autre, donc d'un fromage à l'autre. Et quand le fromager lave la croûte à l'eau salée, ça favorise le bazar… et ça donne le parfum notamment de l'époisses.

Le premier fromage à avoir bénéficié d'une AOC est le roquefort, en 1925. Le dernier, la brousse du Rove, AOC en 2018 et AOP en 2020.

Nos fromages ont-ils
des médailles ?

Témoins de la (bio)diversité et de la richesse de nos terroirs, 46 fromages français bénéficient d'une AOP, signe européen garantissant l'origine et la qualité d'un produit (l'appellation d'origine contrôlée, AOC, est sa déclinaison française, première étape avant l'AOP). Le premier fromage à avoir bénéficié d'une AOC est le roquefort, en 1925. Le dernier, la brousse du Rove, AOC en 2018 et AOP en 2020. La France est la championne européenne de ce signe officiel de qualité en fromages. C'est toujours ça, mais ça ne garantit pas un fromage au lait cru et n'ôte en rien la qualité gustative des fromages de chèvre du petit producteur de votre marché du coin ✳

DEUX RECETTES

pour apprendre à faire ses fromages à condition d'avoir de la gaze et une passoire.

RECETTES ET STYLISME
Delphine Brunet
PHOTOGRAPHIES
Éric Fénot

Labneh

POUR 4 PERSONNES

*500 g de yaourt de brebis
au lait entier
3 pincées de sel
4 c. à s. d'huile d'olive
1 c. à s. d'huile de sésame
2 pincées de fleur de sel
1 c. à s. de zaatar
1 c. à c. de sésame doré
4 brins de coriandre
Poivre*

MATÉRIEL
*Une passoire fine
Un carré de gaze ou
d'étamine fine*

❶ Posez une passoire fine sur un saladier puis tapissez-la de gaze.

❷ Mélangez le yaourt avec le sel. Versez-le sur la gaze et réservez au frais 1 nuit ou au minimum 8 heures.

❸ Récupérez le yaourt égoutté et déposez-le dans un bol. Ajoutez les huiles, la fleur de sel, le zaatar, la coriandre ciselée puis poivrez et mélangez. Parsemez de sésame doré.

❹ Servez avec du pain pita, des olives, des crudités…

Brillat-savarin

POUR UN FROMAGE

2 l de lait cru frais non micro-filtré
La croûte fleurie d'un camembert, d'un brie ou d'un
chaource au lait cru
2 petits-suisses
12,5 cl de crème liquide entière
1 c. à c. de présure liquide
Sel

MATÉRIEL
Un paillon
Un thermomètre de cuisine
Une grande passoire fine
Un morceau de gaze
Un récipient ajouré ou une faisselle

❶ Mixez la croûte du fromage avec un peu de lait et les petits-suisses.

❷ Dans une casserole, faites chauffer le reste de lait et la crème jusqu'à 23 °C en utilisant un thermomètre de cuisine. Ajoutez la présure et le mélange fromage, lait et petits-suisses. Mélangez bien, versez dans un saladier et laissez cailler 24 heures minimum à température ambiante (entre 20 et 22 °C).

❸ Coupez le caillé relativement solide en cubes directement dans le saladier avec un couteau propre. Versez les cubes dans la passoire tapissée de gaze et posez-la sur un saladier. Laissez s'égoutter 1 journée minimum au frais.

❹ Versez le caillé dans une grande faisselle ou un saladier ajouré. Posez-la sur une assiette creuse. Tassez avec le dos d'une cuillère et salez le dessus. Réservez 1 nuit au frais. Le lendemain, retournez la faisselle et salez le dessus. Laissez encore s'égoutter 1 nuit au frais.

❺ Démoulez la faisselle sur un morceau de paillon (récupéré auprès de votre fromager). Posez le tout sur un plateau, retournez un saladier dessus et laissez à température ambiante (20 °C) pendant 3 jours. Un feutrage blanc doit se former sur le dessus du fromage. Placez le tout au frais et retournez le fromage tous les jours pendant 5 jours.

NOTE
Le fromage peut se déguster après ces 5 jours ou peut être affiné de 1 à 2 semaines dans le bas du réfrigérateur avec toujours le saladier retourné dessus.

DOSSIER
SPÉCIAL

Ça pue
pour *fromages*
les
au lait cru

Le vrai
du faux

LES BIENFAITS
INSOUPÇONNÉS
des fromages au lait cru

Ils se sont effacés au profit des fromages pasteurisés, réputés plus sûrs.
Pourtant, à y regarder de plus près, les fromages au lait cru abritent
une diversité microbienne susceptible de nous protéger contre des tas
de maladies. Et ce, dès le plus jeune âge. Un changement de modèle
qui pourrait redonner à ce produit emblématique la place qui lui revient.

EN 2019, les premiers États généraux du lait cru étaient organisés en France par l'association Fromages de terroirs. Ils réunissaient des experts, des acteurs de la filière invités à témoigner et des médecins appelés à présenter les avancées de leurs recherches. Il s'agissait d'en finir avec la vision trop réductrice des partisans d'un hygiénisme radical et de souligner, au-delà des risques sanitaires avérés du lait cru, ses nombreux bénéfices pour la santé, mis en évidence ces dernières années. Rebelote quelques mois plus tard sous le haut patronage du ministère de l'Agriculture, cette fois. Un colloque destiné à dresser un état des lieux des connaissances

TEXTE
GÉRALDINE MEIGNAN
ILLUSTRATION
SOLANGE GAUTIER

scientifiques sur les fromages au lait cru insistait une nouvelle fois sur les bienfaits pour la santé des micro-organismes présents en nombre dans ces produits emblématiques de nos terroirs.

Un changement de paradigme

Pour le comprendre, il faut retisser les fils de l'histoire. Au lendemain de la Seconde Guerre mondiale, quand il s'est agi de produire massivement, et à bas coût, des produits laitiers pour nourrir la population, on n'a pas cherché midi à quatorze heures : mieux à même de contrôler les germes ⟩

La découverte du rôle protecteur de la flore microbienne du lait s'est faite de manière fortuite : en analysant, après la chute du mur de Berlin, les risques d'allergie chez des enfants vivant dans l'ex-Allemagne de l'Est, là où la vie était restée plus rurale et traditionnelle.

pathogènes présents dans le lait (*salmonella, listeria, Escherichia coli…*), la pasteurisation s'est imposée. « En très peu de temps, le fromage est devenu un produit de masse, standardisé, au détriment des productions fermières et locales au lait cru », raconte Claire Delfosse, directrice du laboratoire d'études rurales à l'université Lyon 2. On connaît la suite !

Au nom du principe de précaution, les autorités ont déconseillé aux populations les plus fragiles – jeunes enfants, femmes enceintes, personnes âgées et immuno-déprimées – de consommer des fromages au lait cru (à l'exception des pâtes pressées cuites comme l'emmental, le gruyère ou le comté). Une prudence que justifie Henriette de Valk, de Santé publique France : « Il faut se rappeler d'où l'on vient. Autrefois, les cas de listériose chez les bébés et les femmes enceintes étaient nombreux. Ils sont devenus très rares avec la pasteurisation. »

Seulement voilà, des tas d'études sont venues, depuis, relativiser ces certitudes. Toutes les bactéries présentes naturellement dans le lait cru ne sont pas pathogènes. Loin de là. On a découvert que certaines pouvaient avoir des propriétés probiotiques. La flore microbienne du lait, qui confère aux fromages au lait cru ce goût si particulier, contribuerait notamment à diminuer chez les jeunes enfants les risques de certaines maladies comme l'asthme, l'eczéma atopique et les allergies alimentaires. C'est peu dire que les chercheurs sont tombés des nues en faisant cette découverte. Surtout qu'elle s'est faite de manière fortuite : en analysant, après la chute du mur de Berlin, les risques d'allergie chez des enfants vivant dans l'ex-Allemagne de l'Est, là où la vie était restée plus rurale et traditionnelle. « Non seulement on a découvert qu'il y a un réel effet protecteur du système immunitaire à vivre à la ferme et à boire du lait cru, mais plus il y a une diversité d'animaux, et plus l'enfant consomme une plus grande variété de produits laitiers de la ferme, plus la protection contre l'allergie est forte. Et cette modalité immunitaire orientée par la mère pendant sa grossesse se complète après la naissance pour se stabiliser à 6 ans », assure Dominique Angèle Vuitton, professeur émérite d'immunologie clinique à l'université de Franche-Comté.

Une réalité va-t-elle chasser l'autre ?

Certes, ce ne sont que des études épidémiologiques et il est donc trop tôt pour établir un lien de causalité. Il n'empêche, c'est une étape majeure dans la compréhension du microbiote, cet écosystème qui participe

DOSSIER
SPÉCIAL

Ça pue
pour les fromages
au lait cru

à notre santé, et notamment, à notre système immunitaire. Si elles se confirment, ces données pourraient démontrer non seulement les bénéfices des fromages au lait cru, mais aussi, plus largement, les bienfaits des aliments fermentés. Le ministère va-t-il saisir l'Agence nationale de sécurité sanitaire de l'alimentation (Anses) pour reconsidérer les recommandations officielles au vu des avancées de la recherche ? Il est trop tôt pour le dire. « On est au milieu du gué. On a encore beaucoup de choses à comprendre sur la prévalence des *Escherichia coli* dans les laits et fromages, mais aussi sur la manière dont certains micro-organismes présents sur les exploitations circulent et sont transmis au lait », admet Céline Delbès, chercheuse à l'Inrae.

Tout est aussi question de perception. « On aura toujours tendance à accorder plus d'attention à un risque immédiat et reconnu – les toxi-infections alimentaires, même si elles sont très rares – qu'à un bénéfice dont la portée s'analysera sur une vie », souligne Dominique Angèle Vuitton. La confusion des statistiques n'arrange rien : ces dernières années, le nombre de cas de salmonellose et de listériose liés aux fromages au lait cru a en effet augmenté… Mais il y a un biais : « Ces chiffres sont difficiles à interpréter, car on dispose aujourd'hui de méthodes de surveillance et d'investigation (comme le

séquençage des souches) qui permettent de mieux détecter les sources de contamination », concède-t-on chez Santé publique France.

En quête de naturalité

Et le consommateur dans tout ça ? Cela fait un moment qu'il manifeste une forte appétence pour les produits de terroir. Or, « les fromages au lait cru sont un élément essentiel du patrimoine culturel gastronomique par les liens que leurs ferments entretiennent avec le terroir et le maintien des savoir-faire locaux », assure Claire Delfosse. Ce n'est pas un hasard si un Français sur trois en consomme toutes les semaines. Mais, comme le rappelle Loïc Bienassis, historien à l'Institut européen d'histoire et des cultures de l'alimentation de l'université de Tours, « il ne suffit pas qu'un aliment soit bon à manger, encore faut-il qu'il soit bon à penser », reprenant la formule que l'on a coutume d'attribuer à l'anthropologue Claude Lévi-Strauss. Dit autrement, il ne faudrait pas que les tergiversations autour des bénéfices et des risques des fromages au lait cru fassent perdre trop longtemps son latin au consommateur ✳

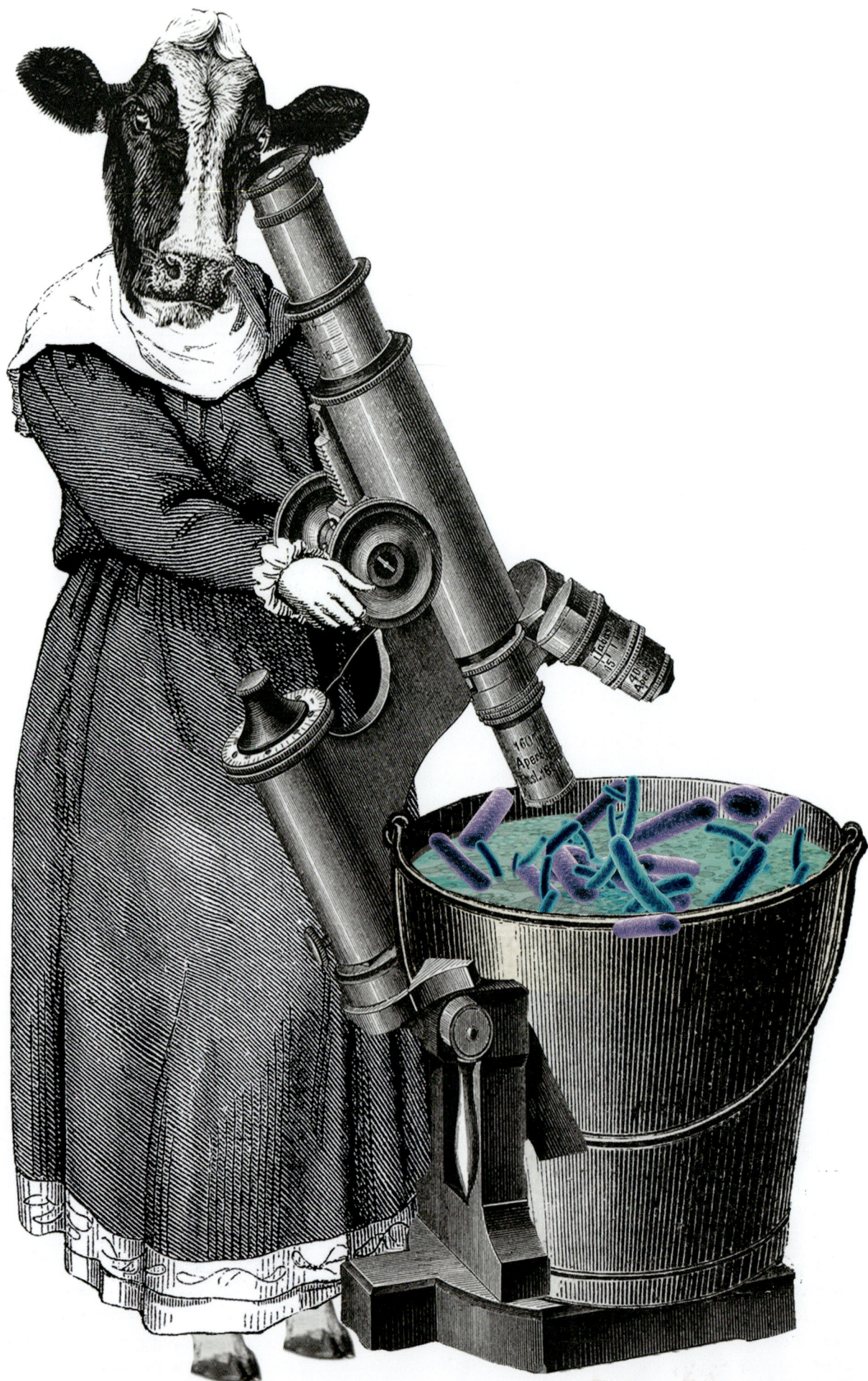

DOSSIER
SPÉCIAL

Ça pue
pour les fromages
au lait cru

Cocorico

LE LAIT CRU,
sentinelle de la qualité

Si la France est réputée pour l'excellence de ses fromages,
on le doit au foisonnement des productions fermières et à la culture du lait
cru. Pourtant, derrière la vitrine, l'abondance des fabrications industrielles
a peu à peu généralisé la pasteurisation. Face au vide des laits inertes,
de plus en plus d'études appellent à renouer avec la diversité habitée
du lait cru et le lent mûrissement des moisissures qui font
le secret des grands fromages.

« UN DESSERT SANS FROMAGE est une belle à qui il manque un œil », écrivait Anthelme Brillat-Savarin dans son livre, La *Physiologie du goût*, paru en 1825. C'est dire combien cette transition gourmande entre salé et sucré incarne notre culture culinaire. Les civilisations ont percé les secrets de la fermentation du lait cinq mille ans avant l'invention de l'écriture. C'était un moyen sûr de conserver ce liquide fragile qui caillait à vue d'œil. En France, la mosaïque de saveurs, la grande variété des sols, un climat

TEXTE
PAULE MASSON
ILLUSTRATION
SOLANGE GAUTIER

généreux, des reliefs nombreux et l'ancrage paysan ont fait de ce mets « pourri » un fleuron. Pourtant, derrière l'image d'Épinal du « pays du fromage », ce riche patrimoine gustatif a perdu beaucoup de son persillé.

Les résistants

« Les fromages au lait cru sont clairement menacés », alerte Christophe Chassard, microbiologiste, directeur de recherche à l'Inrae et nutritionniste. L'Hexagone ne ⟩

> « Dans le pays de Pasteur, le microbe
> est devenu l'ennemi à abattre.
> Le bon comme le mauvais. On est allé
> beaucoup trop loin dans la stratégie du
> vide alors qu'il est de plus en plus prouvé
> que manger microbien permet
> de rester en bonne santé. »

Arnaud Sperat–Czar,
fondateur et président de la fondation pour la Biodiversité fromagère

compte plus que 12 % de fromages naturels, une famille de résistants qui rassemble la totalité des fabrications fermières et 75 % des 46 d'appellation d'origine protégée (AOP). Nos voisins suisses, spécialistes du gruyère, de l'emmentaler et autres têtes de moine, défendent mieux leur savoir-faire avec 70 % de fabrications au lait cru, mais la production est moins diversifiée. En Italie, les petites vallées montagneuses et un ancrage très local de la production de denrées favorisent aussi une culture du lait cru. Ces pâtes, alors ensemencées par les ferments de la ferme, ont accompagné nos vies du ve au xviiie siècles, « particulièrement en Europe où l'élevage est important et la tradition fermière de petites structures bien ancrée », ajoute Christophe Chassard. Au Japon ou au Brésil, l'emploi du lait cru est interdit ; il est juste toléré aux États-Unis pour les fromages ayant plus de soixante jours d'affinage. Passé ce délai, le bacille de la listeria n'a plus de chance de survie.

Le microbe, ennemi à abattre

Née de la peur des bactéries, dont certaines ont une réelle appétence pour le fromage, la chasse aux souches pathogènes a empilé des normes sanitaires de fabrication de plus en plus hygiénistes. « Dans le pays de Pasteur, le microbe est devenu l'ennemi à abattre. Le bon comme le mauvais. On est allé beaucoup trop loin dans la stratégie du vide alors qu'il est de plus en plus prouvé que manger microbien permet de rester en bonne santé », avance le partisan des fermentations au lait cru, Arnaud Sperat-Czar, fondateur et président de la fondation pour la Biodiversité fromagère et rédacteur en chef du magazine *Profession fromager*. Le lait sort stérile du pis. Pour éviter les contaminations, le nettoyage à l'eau de Javel de tout ce qui est en contact avec lui est devenu systématique, des trayons

DOSSIER
SPÉCIAL

Ça pue
pour *les fromages*
au lait cru

(bout du pis) à la cuve. Or, « en enlevant le risque de contamination, on élimine aussi la microflore qui, elle, est la plus intéressante pour le goût et la complexité », avertit Christophe Chassard. « Cela fait maintenant dix ans que les experts alertent : l'hygiénisme tue l'hygiène », renchérit Arnaud Sperat-Czar, qui a invité les scientifiques les plus en pointe sur le sujet à partager leurs convictions au Mondial du fromage 2021, à Tours. « Le fromage au lait stérilisé n'est pas forcément plus sécurisé. Car dans un milieu où n'existe aucun microbe, le premier venu colonise tout et devient très dangereux. C'est le cas de la salmonelle, avec quelques scandales industriels à la clé », s'amuse Marc-André Selosse, biologiste et professeur au Museum national d'histoire naturelle. Le spécialiste de mycologie se délecte à l'idée d'inverser les rôles devant un public non averti. Pour lui, la biodiversité alimentaire est un gage de bons produits et de santé immunitaire. Les maladies de la modernité, Crohn, Alzheimer ou Parkinson, proviennent de son appauvrissement. Sylvie Lortal, micro-biologiste et ex-directrice de recherche à l'Inra retourne aussi la question : « Quel est le risque de ne pas consommer de fromage au lait cru alors qu'il représente la première source de diversité microbienne ingérée par l'homme ? »

Le lait cru, c'est moderne

Par sa diversité habitée, le lait cru permet aux micro-organismes qui le composent d'interagir avec d'autres et d'entrer en concurrence avec les pathogènes. L'étude MetaPDOcheese menée sur les AOP françaises a détecté plus de 2 000 espèces bactériennes différentes, soit une moyenne de 200 communautés par lait. « C'est moderne, le lait cru ! défend Christophe Chassard. C'est simple, basique, et peu transformé. Et comme il doit être rapidement travaillé à même la ferme, il représente un atout économique certain car la transformation locale a un impact positif sur le territoire. » La fondation pour la Biodiversité fromagère s'est donc donné pour mission de partir à sa reconquête. Elle s'appuie sur les études les plus récentes et sur l'aspiration à consommer des produits naturels pour jouer une petite musique de fond, une mélodie qui chante les louanges d'une alimentation vivante et clame, sur le plancher des vaches, que la fermentation au lait cru, le doigté du fermier et l'abondance de micro-organismes donnent du goût et du caractère à nos « fromages qui puent » ✳

DOSSIER
SPÉCIAL

Ça pue
pour les *fromages*
au lait cru

Super
production

Hommage
à Sylvain Robez-Masson

Il était le dernier producteur de comté
à l'ancienne à Thoiria, dans le Jura.
Sylvain Robez-Masson est décédé dans
un accident de la route le 19 novembre 2021
alors qu'il rentrait chez lui après avoir
livré des meules de comté en Alsace.
Nous avions eu le plaisir de rencontrer
cet artisan exceptionnel et tenions à saluer
la mémoire d'un fromager unique.

TEXTE
PHILIPPE TOINARD

PHOTOGRAPHIES
ÉRIC FÉNOT

DOSSIER
SPÉCIAL

Ça pue
pour les **fromages**
au lait cru

SYLVAIN **ROBEZ-MASSON** avait la passion de la meule bien faite depuis dix-sept ans. Il s'était installé dans ce petit village de Thoiria en 2004, au cœur de la « Maison commune », datée dc 1837, après une passation qui n'avait pas excédé quinze minutes. Son prédécesseur, Noël Boivin, avait investi les lieux en 1985. À cette époque, Gérard Bailly, alors président de la Communauté de communes du Pays des lacs, avait émis le souhait d'ouvrir une fruitière à vocation touristique. Le principe : un fromager indépendant achète le lait, fabrique sur place et laisse aux touristes le loisir d'assister gratuitement à la fabrication. En contrepartie, le fromager vend son comté et se rémunère de cette façon. Noël Boivin avait assuré cette prestation pendant presque vingt ans, mais en ouvrant les portes de la fruitière uniquement en juillet et en août. Lorsque Sylvain le remplace, il décide d'accueillir le public toute l'année et ce sont, en moyenne, entre 15 000 et 20 000 personnes par an qui ont assisté à la fabrication à l'ancienne de comté.

Du lait dans les veines

Petit-fils de producteurs de lait dans la région, Sylvain, après un bac S, décroche, en 2000, un BTS à la célèbre École nationale d'industrie laitière de Poligny, dans le Jura. Diplôme en poche, il file en Haute-Savoie pour travailler en tant que fromager dans la filière de la tome des Bauges, avant de poursuivre dans l'emmental grand cru. À l'issue de ces premières expériences, on le retrouve dans une coopérative de comté puis il opère plusieurs remplacements dans diverses coopératives fromagères. En 2004, l'idée de vendre des fromages en ligne sur Internet le titille. Il prend de premiers renseignements, quand il entend parler de cette fruitière à Thoiria et du départ en retraite de Noël Boivin. Ni une ni deux, il reprend l'activité.

180 meules par an

Il ne fallait pas être grêle pour produire une meule de comté de 45 kilos tous les deux jours. Ça tombe bien, Sylvain était plutôt du genre « tanqué », comme on dit dans le rugby. Et le rugby, dans le Jura, on connaît. De beaux cuissots pour rester solide sur ses appuis, de larges épaules pour brasser le caillé et un cou musclé pour soulever la toile de lin copieusement garnie avant de la transférer du chaudron au cercle à fromage.

Au gré des touristes, du beau temps, de la saison, des vacances scolaires, Sylvain décidait de fabriquer entre 150 et 200 meules de son comté par an… quand une coopérative

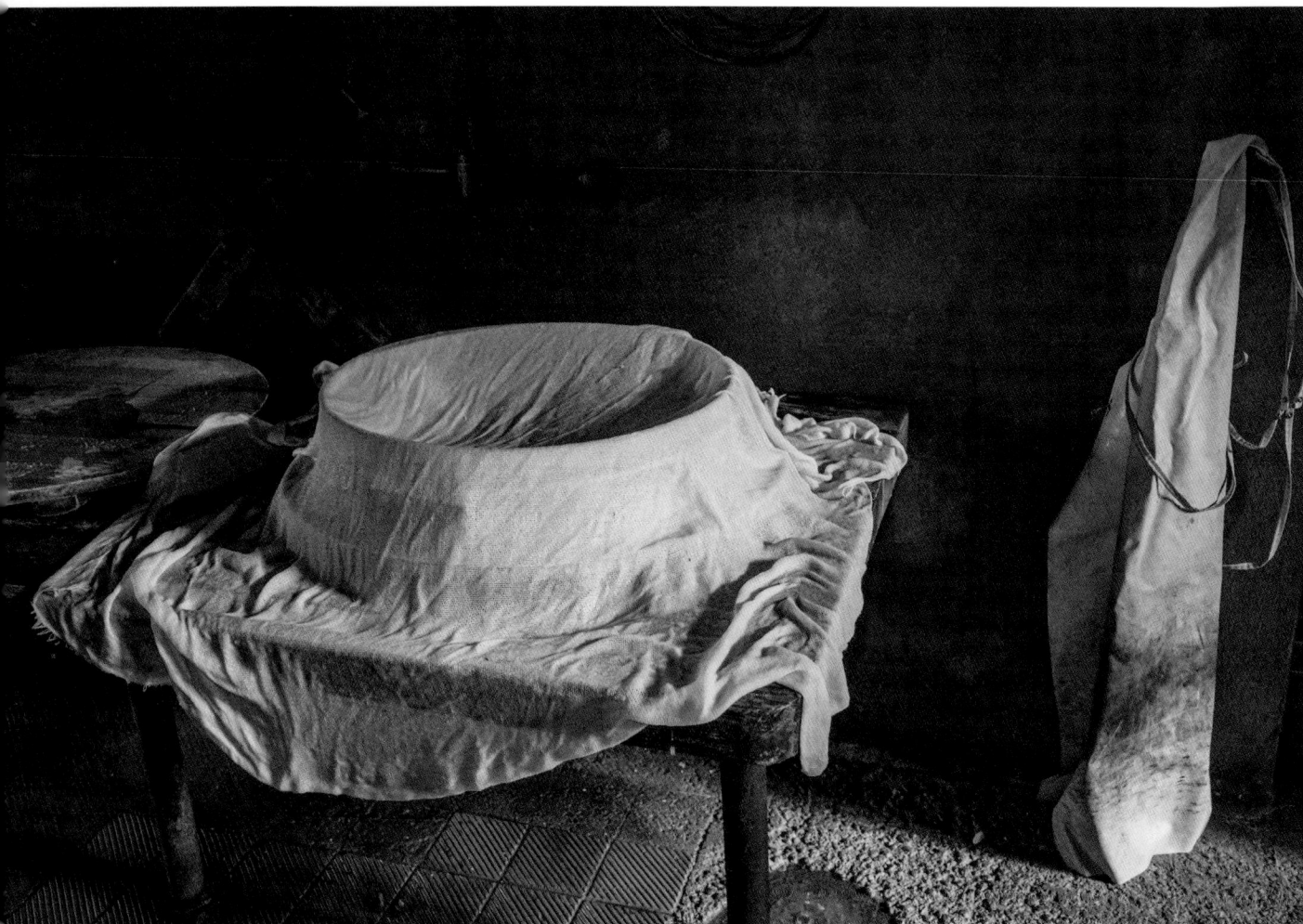

« Le ferment lactique, c'est comme le levain pour le pain, il va donner l'âme du fromage, son goût. Ce qui fera que deux comtés ne se ressemblent pas. »

standard en produit 50 par jour. La veille, il contactait la coopérative pour commander son lait cru issu des vaches de race montbéliarde ou simmental française – il faut 450 litres de lait pour fabriquer une meule – extrait des deux traites de la veille, celle du matin et celle du soir. À l'aube, dans cette « Maison commune » qui faisait office de musée avec une exposition d'anciens matériels, de boutique où étaient proposées à la vente toutes les spécialités du pays comtois, de cave de pré-affinage et de lieu de fabrication, il allumait le feu sous le chaudron en cuivre de 500 litres. Un chaudron centenaire : « Pour que ça parte bien, il faut que la flamme, entretenue par des chutes de hêtre, enlace le chaudron », disait celui qui écoutait le bois et le cuivre chanter. Pendant que la température du lait montait doucement, les premiers visiteurs prenaient place sur les bancs et observaient. Comme à l'école, il fallait que

DOSSIER
SPÉCIAL

Ça pue
pour les fromages
au lait cru

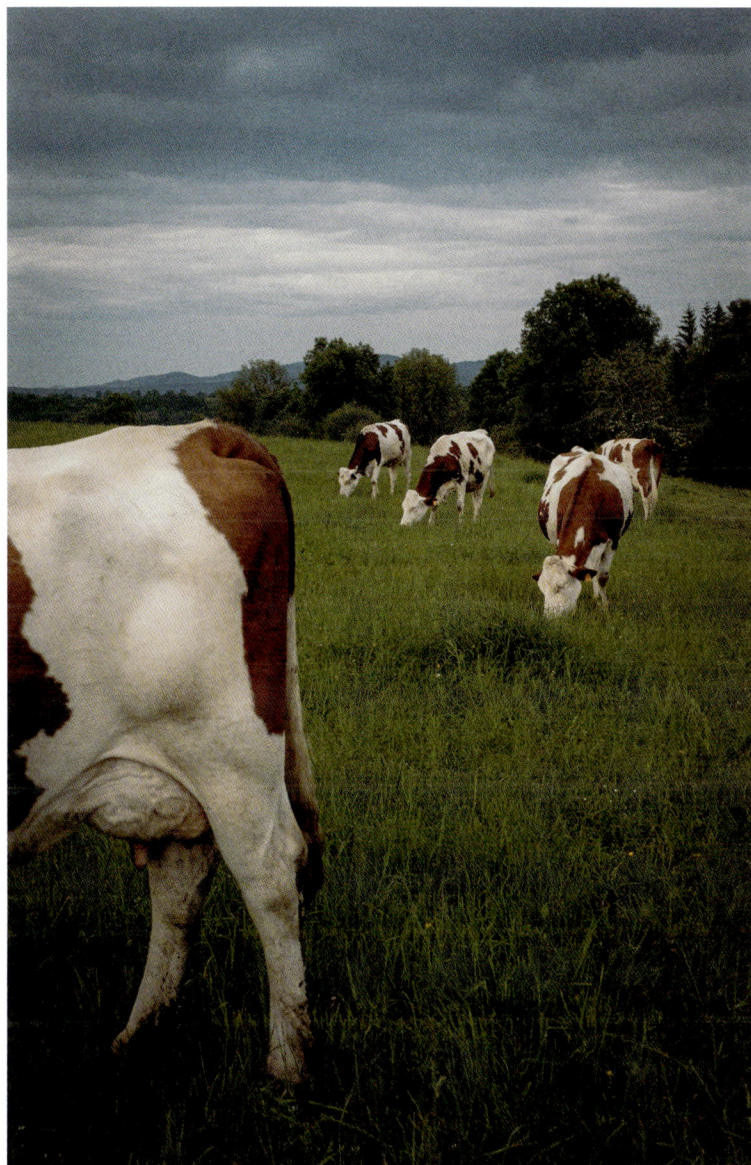

Sylvain pousse un peu ses « élèves » dans leurs derniers retranchements. Il y avait au fond les bavards, et puis ceux qui avaient envie de poser une question, mais qui n'osaient pas, ceux qui pensaient que leur question était stupide et qui s'en excusaient d'avance. Sylvain les rassurait : « Il n'y a pas de questions bêtes, lancez-vous, n'ayez pas peur. » Timidement, un doigt se levait : « Quelle température devez-vous atteindre ? » « 32 °C », précisait celui qui n'avait pas besoin de thermomètre pour évaluer la température. À l'œil, il savait. À 32 °C, le lait n'est pas réellement chaud, il est seulement tiède et entre le démarrage du feu et cette température, trente minutes se sont écoulées. À 31 °C, Sylvain ensemençait le lait avec les ferments lactiques. Pas de ceux cultivés en laboratoire, mais du fait maison, à partir du petit-lait de la veille : « Le ferment lactique, c'est comme le levain pour le pain, il va donner l'âme du fromage, son goût. Ce qui fera que deux comtés ne se ressemblent pas. » Au bout d'une demi-heure, Sylvain ajoutait la présure pour activer la coagulation du lait. Là encore, du fait maison. À cet instant, il n'alimentait plus

CI-DESSUS

À quelques dizaines de mètres de la fruitière de Sylvain, les vaches de Franck et Alexis. Pour la production de comté, seul le lait issu des montbéliardes et des simmentals françaises est autorisé.

le feu pour stabiliser la température pendant trente minutes qu'il consacrait aux questions de son auditoire du jour. Tout y passait, le prix du lait à la coopérative, le fonctionnement si particulier de la filière du comté, le temps écoulé entre la traite et la transformation, les souvenirs d'enfance de chacun autour d'un morceau de fromage.

Tout en répondant aux questions, Sylvain jetait un œil au contenu de son chaudron puis brandissait son tranche-caillé : « Ce matériel,

DOSSIER SPÉCIAL

Ça pue
pour les **fromages**
au lait cru

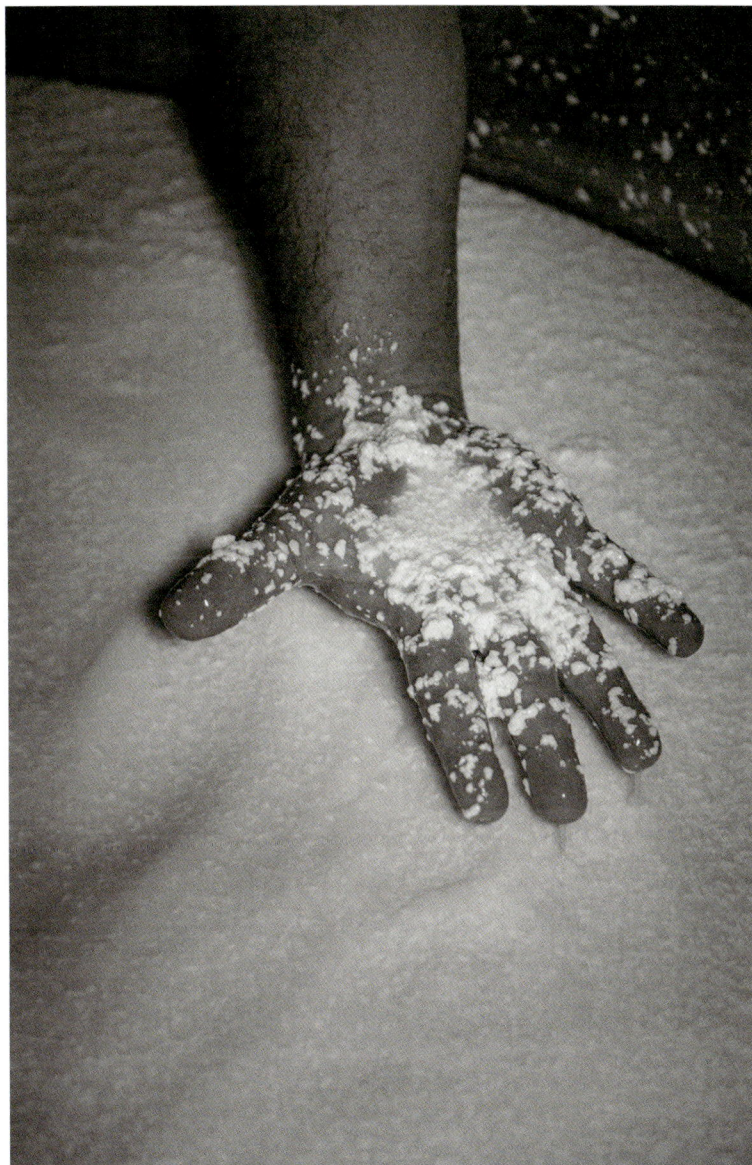

PAGE DE GAUCHE

*Le tranche-caillé dont
Sylvain disait qu'il
était le signe de croix
du fromager.*

c'est le signe de croix du fromager », disait-il en rigolant. L'objectif, réduire le caillé en grains réguliers de la taille d'un grain de blé ou de riz. Il remettait alors du bois sous le chaudron de façon à atteindre, cette fois, les 55 °C tout en continuant à mélanger délicatement : « En réalité, on ne mélange pas, on brasse. » Cette opération, selon la température extérieure, le taux d'humidité, pouvait durer une cinquantaine de minutes. Là, on prend bien conscience de l'importance des biceps, car il ne

fallait jamais arrêter de brasser jusqu'à ce qu'une crème jaune apparaisse en surface et que les grains du caillé se collent et se décollent correctement. Si tel n'était pas le cas, Sylvain brassait, encore et encore.

Toile de lin et huile de coude

Goguenard, Sylvain indiquait à ses visiteurs qu'il ne fallait pas rater le clou du spectacle, le transfert du contenu du chaudron dans le cercle à fromage : « Ça se fait en une seule fois et je n'ai *Suite page 105*

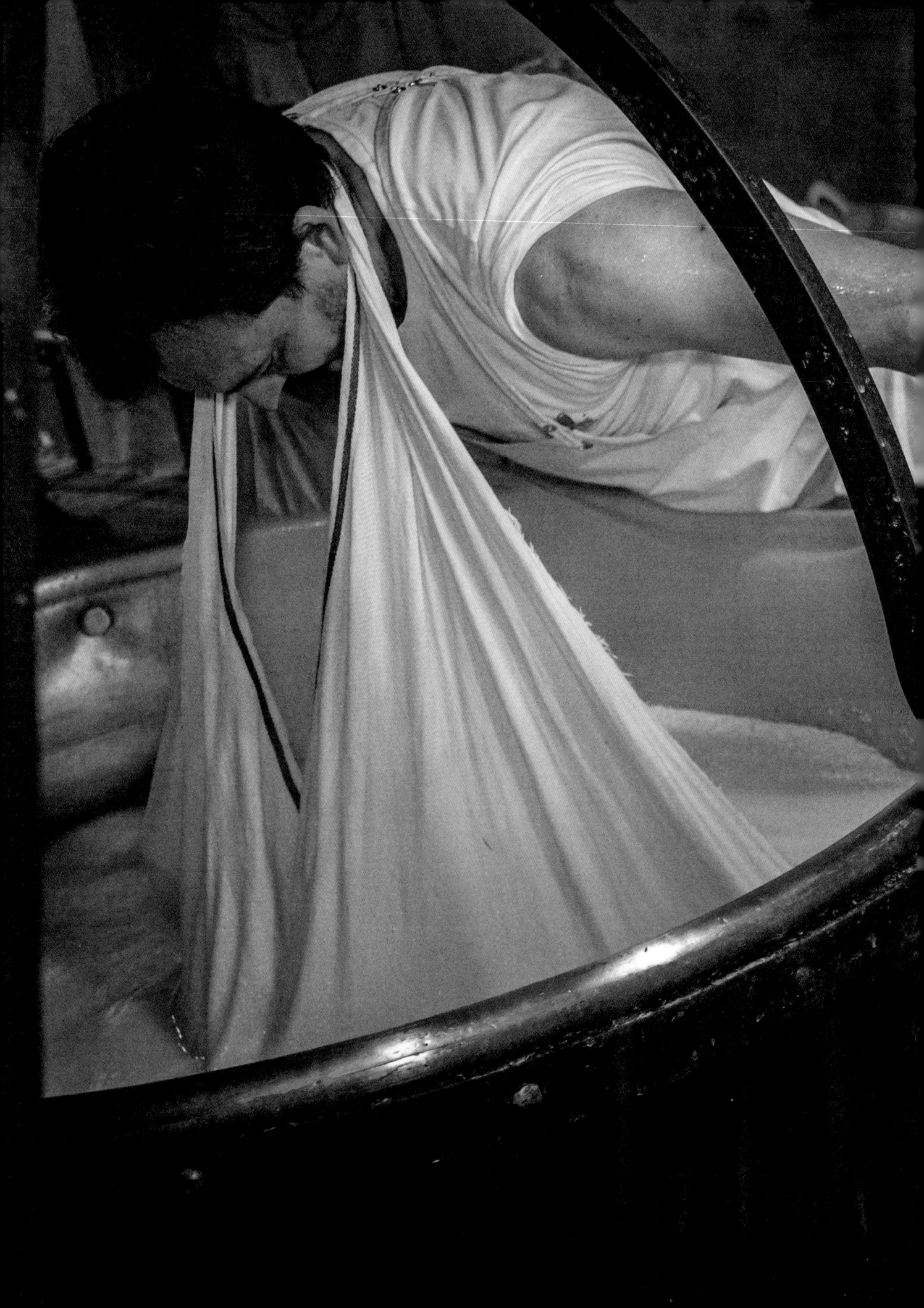

Ça pue
pour les fromages
au lait cru

CI-CONTRE

*À la force du cou et des
biceps, Sylvain s'apprête à
remonter la quarantaine de
kilos de grains de comté dans
une toile de lin immergée
dans un liquide à 55°C.*

CI-CONTRE

*Une fois la toile de lin
sortie du chaudron,
Sylvain réalisait un nœud
qu'il accrochait à une
poulie de façon à déplacer
la masse vers le cercle
à fromage.*

Suite de la page 101

pas le droit à l'erreur. » À l'instar d'un sportif de haut niveau engagé dans des disciplines de force, Sylvain entourait son cou d'une toile de lin, non sans avoir auparavant mouillé ses avant-bras à l'eau froide. À ce stade, tous les grains étaient tombés dans le fond du chaudron. Il fallait alors les emprisonner dans la toile de lin, les soulever à la force des bras et du cou. En quelques secondes, la toile se gonflait de grains et remontait à la surface. Sylvain faisait alors un nœud dans la toile avant de transférer cette masse de plusieurs dizaines de kilos vers le cercle. Il répartissait les grains puis bordait le futur fromage avec la toile et lançait une première presse. À cet instant, le comté mesure 20 centimètres de haut. Il ne fera plus que 13 centimètres à l'issue de la presse. Après deux minutes, Sylvain retournait le fromage, déposait la plaque de caséine verte sur laquelle sont indiqués le mois et le jour de fabrication, le pays, les codes de l'atelier et du département et poursuivait la presse pendant une heure et demie avant un ultime retournement et six à sept nouvelles heures de presse.

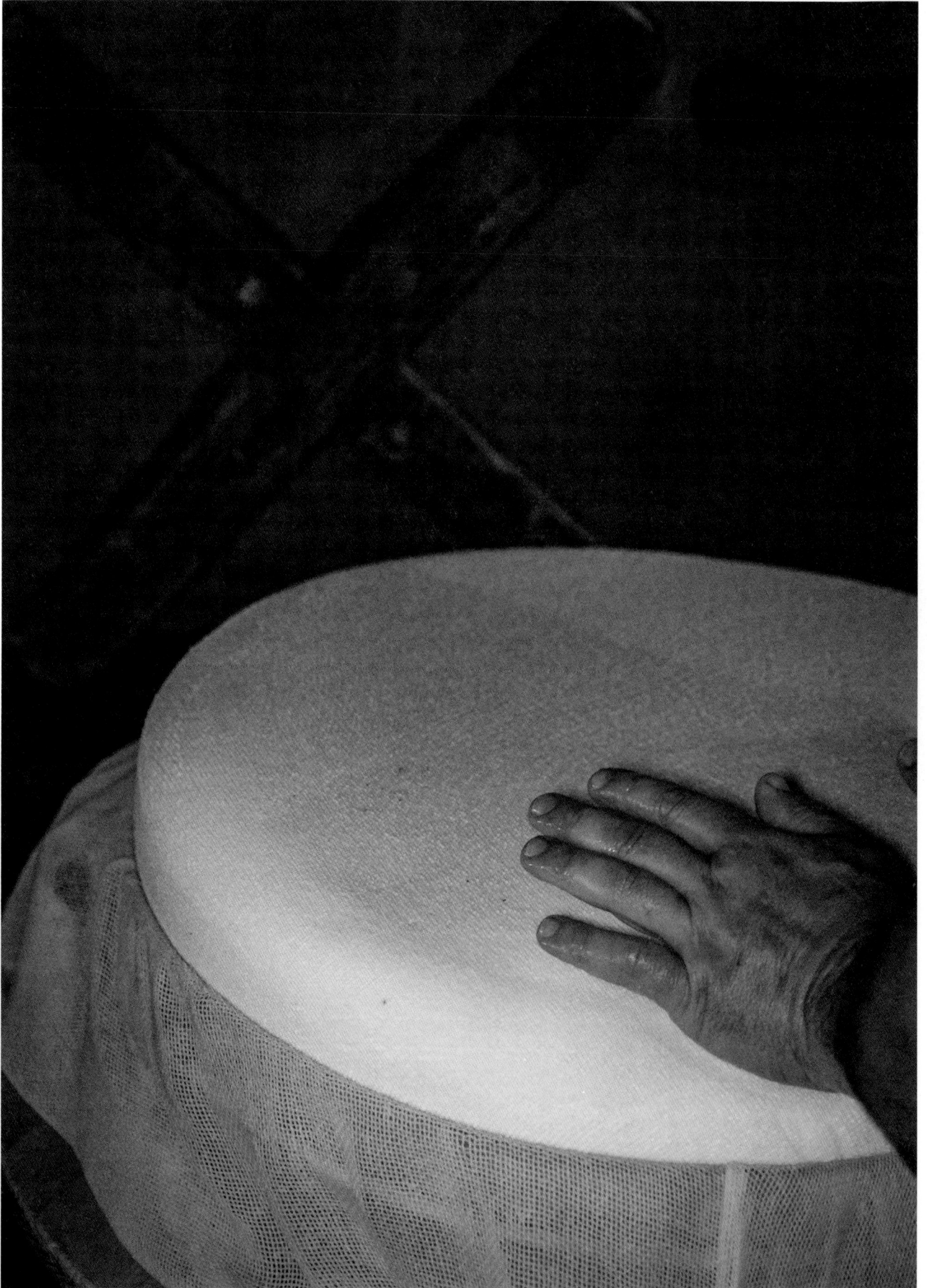

CI-DESSUS

La plaque de caséine assure l'identification de chaque comté. La typographie et ses dimensions sont réglementées.

> Pendant ce temps, un agriculteur du coin venait récupérer une grande partie du petit-lait pour nourrir ses cochons et Sylvain découpait et vendait ses comtés au public ravi d'avoir découvert un homme et un métier. À la caisse, Sylvain cherchait à savoir une dernière fois si tout le monde avait bien compris ses explications : « Quand vous dégusterez mon comté, rappelez-vous, un comté, c'est 450 litres de lait pour une meule de 45 kilos avant affinage qui peut durer un an, c'est 70 centimètres de diamètre, 400 litres de petit-lait, 13 centimètres de hauteur. » Ce que Sylvain ne précisait pas, c'est qu'au début de l'aventure et pendant trois ans, il ne s'était pas versé de salaire et qu'il faisait tout, de A à Z, 7 jours sur 7, avant finalement de sous-traiter l'affinage, faute de place et de temps.

Émotion et hommage

Aujourd'hui, le feu ne crépite plus sous le chaudron de la « Maison commune » de Thoiria >

Ça pue pour les fromages au lait cru

DOUBLE PAGE

*Si à son arrivée, Sylvain affinait lui-même ses comtés,
il a finalement sous-traité cette partie faute de place.
Il conservait en revanche les meules pour le pré-affinage
dans sa cave à 12°C. Ce n'est qu'après l'affinage
qu'il récupérait ses meules pour les vendre dans
la boutique attenante à l'atelier.*

DOSSIER
SPÉCIAL

Ça pue
pour les *fromages*
au lait cru

Le temps s'est arrêté, la toile de lin a séché, la presse ne goutte plus. Sylvain Robez-Masson s'en est allé au paradis des fromagers.

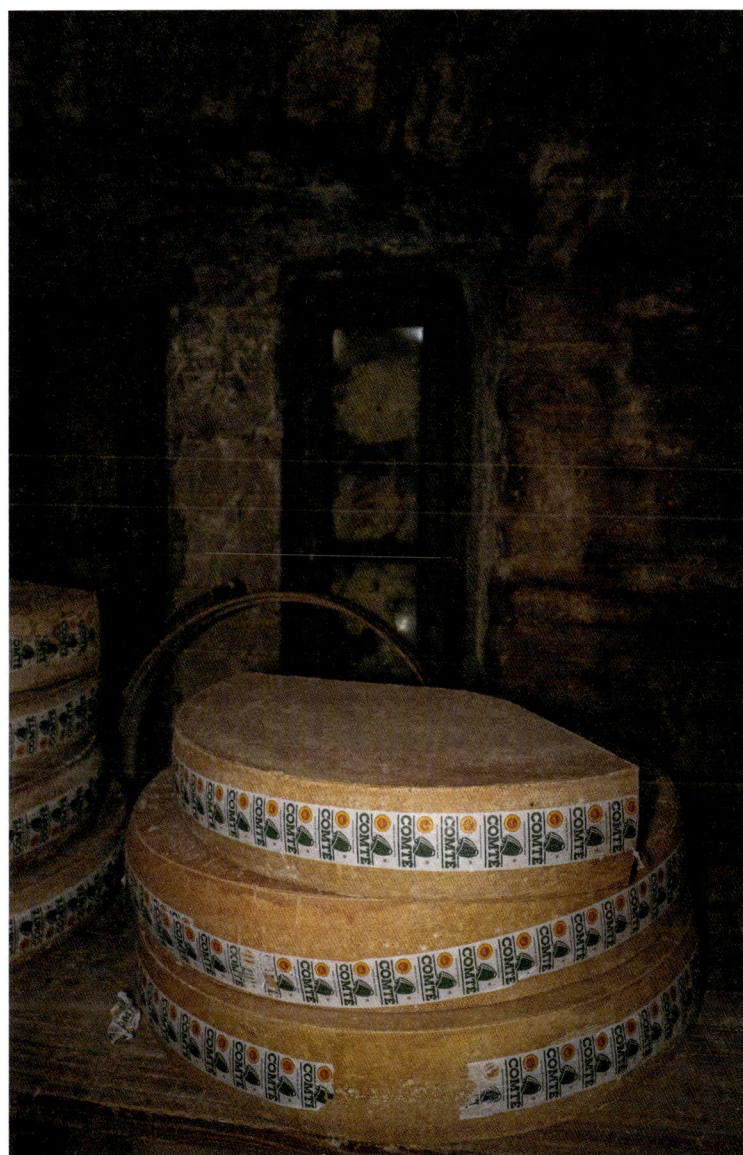

et de sa Fruitière 1900. Le temps s'est arrêté, la toile de lin a séché, la presse ne goutte plus. Sylvain Robez-Masson s'en est allé au paradis des fromagers, au paradis des travailleurs infatigables, au paradis des passionnés indépendants. Comme le relatait la presse locale, l'émotion était palpable dans l'église d'Orgelet le 1er décembre 2021 et la foule nombreuse pour accompagner le dernier producteur de comté à l'ancienne. Seul son affineur conserve encore une trace de son travail à travers les dernières meules que Sylvain lui a confiées avant de partir livrer le fruit de son travail en Alsace. On imagine la douleur ravivée à chaque fois que cet affineur retourne une meule, la sale et la frotte comme le stipule le cahier des charges. Quant à ceux qui auront l'honneur de déguster et d'apprécier les derniers comtés de Sylvain, on peut légitimement penser qu'ils ne trouveront pas les mots pour les décrire. Certains silences valent hommage ✳

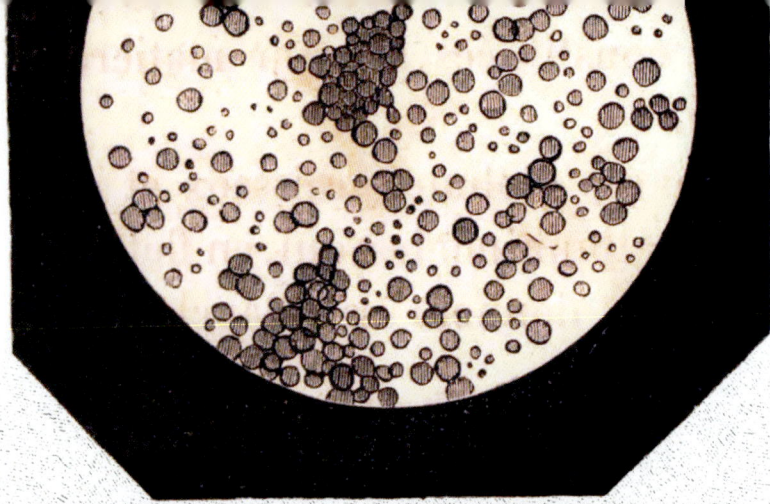

Fig. 71. — vu au microscope.

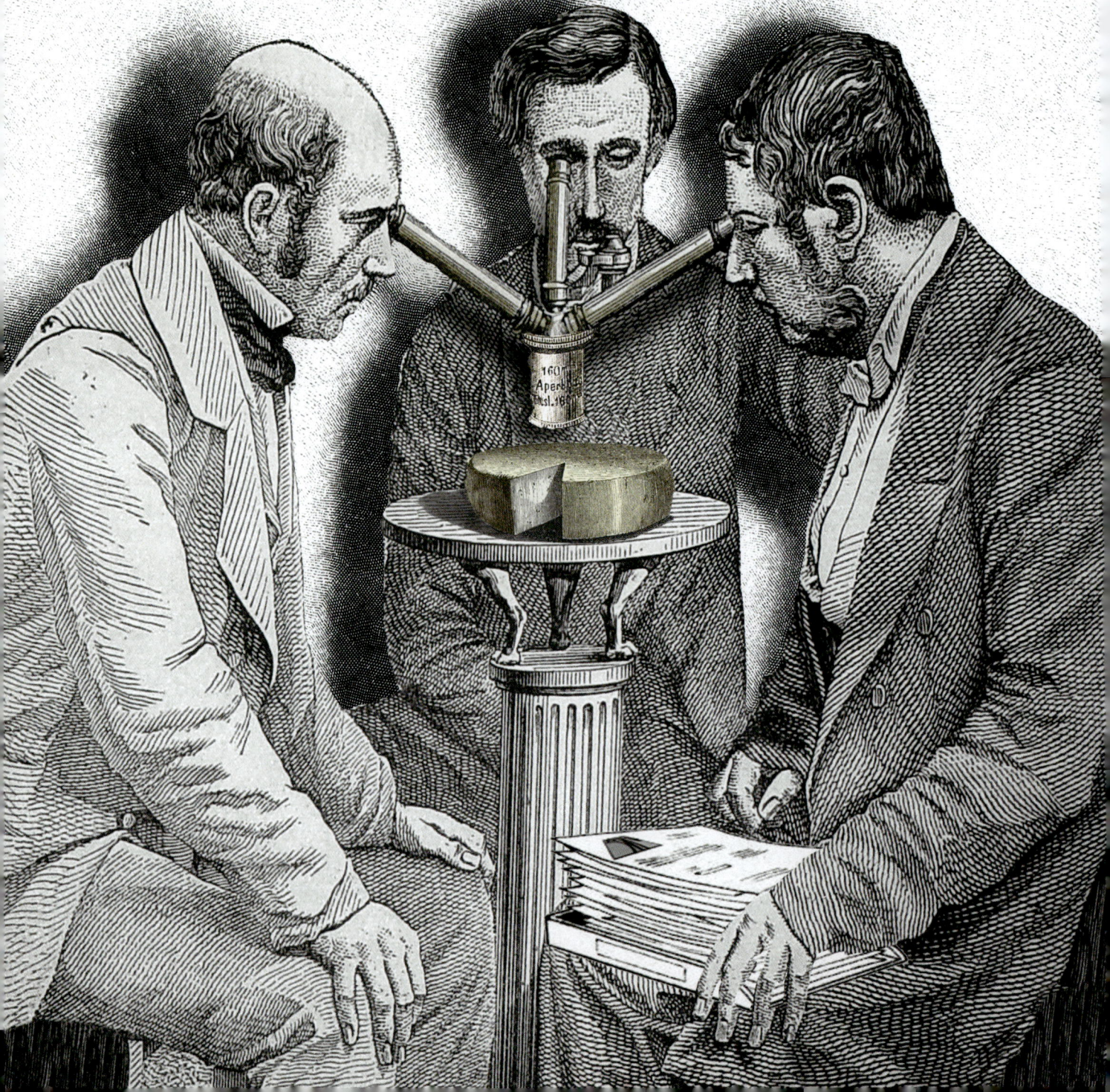

DOSSIER
SPÉCIAL

Ça pue
pour les *fromages*
au lait cru

Prise de
conscience

INAO
Les illusions perdues des appellations

Rarement la référence au terroir n'aura été aussi galvaudée.
Censé valoriser l'héritage d'un patrimoine culinaire que le monde entier
nous envie, l'Institut national de l'origine et de la qualité (Inao)
se montre trop souvent incapable de garantir la qualité des labels
que les consommateurs sont en droit d'attendre. Fruit de l'histoire,
disent les uns. Dysfonctionnements de l'institution, rétorquent les autres.

TRADUISANT TANTÔT la richesse d'un sol, tantôt la variété d'un climat, parfois l'ancienneté d'un savoir-faire, ils fleurent bon nos régions. Les signes de qualité – appellation d'origine protégée (AOP), indication géographique protégée (IGP), spécialité traditionnelle garantie (STG), Label rouge, etc. – sont l'héritage d'un patrimoine culinaire riche et historique. Et, pourtant, force est de constater qu'ils ne tiennent pas toujours les promesses qu'on est en droit d'attendre.

TEXTE
GÉRALDINE MEIGNAN
ILLUSTRATION
SOLANGE GAUTIER

Une vieille institution sous tutelle

Prenons la saucisse de Morteau, estampillée IGP. Sa fabrication, à partir de viande de porcs nourris au petit-lait des fromageries de Franche-Comté, lui donne certes un goût unique. Mais qui sait que le boyau naturel dans lequel elle est embossée peut être fabriqué hors d'Europe ? C'est la même chose avec le cantal AOP : son arôme de beurre frais marqué en début d'affinage ne doit pas faire oublier qu'il peut très bien être fabriqué à partir de lait pasteurisé, issu de vaches nourries aux tourteaux de soja. Quant au hachis parmentier surgelé Label rouge, il est censé permettre au consommateur de « mieux manger tout en réduisant le temps de préparation ». Tant pis si dix-huit mois de surgélation peuvent altérer le goût d'un plat cuisiné.

Subitement, elles en prennent un sacré coup, ces appellations. Et dire qu'elles sont censées faire rayonner l'agroalimentaire français dans le monde entier. Vaste blague. Mais comment en est-on arrivé là ? Les signes d'origine et de qualité sont gérés par l'Inao. Une vieille ⇒

institution, placée sous la tutelle du ministre de l'Agriculture depuis sa création en 1935, qui a ceci de particulier qu'elle assure sa mission en étroite collaboration avec les professionnels : des vignerons, des éleveurs, des producteurs… qui, à un moment donné, ont décidé de se regrouper sous une même appellation pour défendre et valoriser leur vin, leur viande, leur fromage ou leur spécialité. En matière de mélange des genres, on n'aurait pas pu imaginer mieux : « Ça revient à ce que les appellations soient gérées par l'Inao, mais aussi, et surtout, par des professionnels qui, lors de la validation des cahiers des charges, adoubent d'autres professionnels aux intérêts parfois communs », maugrée Olivier Andrault, chargé de mission à *UFC-Que Choisir*. Résultat : « C'est le siège de tous les conflits d'intérêts. Dans certaines régions viticoles, de véritables baronnies locales cadenassées font la pluie et le beau temps », renchérit l'avocat pénaliste, Éric Morain, défenseur des vignerons rebelles.

Des loups dans la bergerie

Le temps a aussi posé ses marques sur certains cahiers des charges. Ceux, notamment, qui ont été construits à l'époque où le périmètre de l'Inao était limité au vin. « On ne peut pas le tenir responsable de tout. Les fromages et les viandes ne sont rentrés dans son champ d'application qu'en 1990 », relativise François Casabianca, chercheur à l'Institut national de recherche pour l'agriculture, l'alimentation et l'environnement (Inrae). C'est en effet lorsque l'histoire des AOC (appellation d'origine contrôlée) s'est confondue avec celle de l'Europe pour devenir AOP, que l'Inao s'est vu confier par Bruxelles la gestion de toutes les appellations d'origine ainsi que les IGP, nouvellement créées. Puis, en 2006, on y a ajouté les Label rouge, les STG et le label AB (agriculture biologique). L'Inao aurait quand même pu, une fois à la barre de tous ces signes officiels de qualité, obliger les producteurs à toiletter leur cahier des charges dont certains dataient des années 1930. Il l'a fait d'ailleurs pour coller aux exigences de Bruxelles. Mais, pas pour toutes les appellations d'origine. Résultat, des tas de cahiers des charges sont aujourd'hui trop flous et c'est comme ça que l'on se retrouve avec de la morteau IGP embossée dans un boyau qui pourrait très bien venir de Chine sans contrevenir au cahier des charges qui n'exige rien sur sa provenance. C'est bien connu, la nature a horreur du vide. Inutile de dire que les multinationales de l'agroalimentaire se sont engouffrées dans la brèche. À coups de rachats, les Lactalis, Sodiaal, Savancia et consorts ont pris un poids parfois démesuré au sein de certaines appellations d'origine. Ce ne serait pas si grave si elles n'avaient pas cherché à s'affranchir des contraintes artisanales : un quart des fromages AOP sont aujourd'hui fabriqués avec du lait pasteurisé. « Ce qui est une aberration car le lait cru est le marqueur du terroir par excellence », souligne Véronique Richez-Lerouge, auteur de *Main Basse sur les fromages AOP* (Éditions Érick Bonnier, 2017), qui regrette qu'on ait laissé la logique agro-industrielle s'introduire dans la bergerie des appellations.

DOSSIER
SPÉCIAL

Ça pue
pour les *fromages*
au lait cru

Des réformes... et vite !

Tout dépend des rapports de force en présence sur le terrain. En Franche-Comté, par exemple, l'interprofession du comté AOP a réussi à border l'appétit des industriels en conservant un modèle de ferme familiale et en imposant un bassin de collecte limité. « Lorsque Lactalis a voulu mettre la main sur la production, ça a été un tollé. Il faut dire que le comté fait partie de l'identité des communes jurassiennes comme l'église au milieu du village », se souvient un ancien cadre de l'Inao. On ne peut pas en dire autant en Auvergne, par exemple, où plus grand-chose ne distingue un saint-nectaire AOP d'entrée de gamme d'un banal produit industriel.

Sans doute que le poids de l'histoire compte. Mais, pour retrouver la confiance des consommateurs, il serait temps d'admettre la nécessité de réformer l'Inao, en lui permettant notamment de jouer son rôle de gendarme. Autrement dit, de pouvoir contraindre les professionnels à réviser certains cahiers des charges quand cela s'avère nécessaire. Une analyse que ne partage pas du tout Marie Guittard, la directrice de l'Inao : « Les professionnels se rendent compte par eux-mêmes quand les conditions de production ne permettent plus aux consommateurs de faire la différence. C'est eux qui ont le pouvoir de contraindre. » Dont acte.

Au siège d'*UFC-Que Choisir*, on souhaite aller plus loin encore en changeant la gouvernance de l'Inao : « Les comités chargés de l'examen des cahiers des charges comptent une écrasante majorité de professionnels au détriment des représentants de l'administration et des consommateurs », poursuit Olivier Andrault. Dans un souci d'apaisement, et pour élargir la représentativité de la société civile, une place va s'ouvrir aux ONG à vocation environnementale. Enfin, il faudra aussi un jour s'attaquer à la question de l'indépendance des organismes censés assurer un contrôle tatillon sur le respect des cahiers des charges. Nombreux sont ceux qui les soupçonnent d'être, là encore, trop souvent liés aux professionnels des filières. « L'Inao s'est dépouillé de ses moyens de contrôle et de ses pouvoirs de sanction au profit d'organismes privés sans aucun garde-fou », estime Éric Morain. « Il n'avait pas les effectifs pour cela compte tenu de l'extension de ses missions », répond du tac au tac Marie Guittard. Ce qui pose la question plus large des moyens alloués à l'Inao.

Enfin, difficile de ne pas aborder la durabilité des signes officiels de qualité. Depuis le temps que des ONG – Greenpeace, WWF France… – réclament une révision des conditions de certification à l'aune des impacts environnementaux et socio-économiques. « La nouvelle politique agricole commune (PAC) nous permet d'intégrer des critères de durabilité. Nous allons nous mettre en ordre de marche », annonce Marie Guittard. Étant donné que les pouvoirs publics ont pris le parti de les soutenir en obligeant les cantines à régaler nos enfants pour moitié avec ces signes officiels de qualité, c'est la moindre des choses ✳

DOSSIER
SPÉCIAL

Ça pue
pour
les fromages
au lait cru

Les archives
de la cuisine

PASTEUR
EST INNOCENT !

La « pasteurisation »
ne visait pas les fromages

Souvent accusé d'avoir tué les fromages
au lait cru, Pasteur n'est pas coupable.
C'est un Allemand qui a fait le coup.

PASTEUR EST NÉ le 27 décembre 1822 : l'ironie de l'Histoire veut que son bicentenaire soit fêté en pleine polémique post-coronavirus sur les effets bénéfiques ou non des vaccins. L'homme que la France et le monde célébrèrent comme un génie pour avoir sauvé le petit Joseph Meister et le berger Jupille, mordus par des chiens enragés, serait sans doute vilipendé aujourd'hui par tous les comités d'éthique et associations de patients pour avoir fait inoculer un virus mortel à des adolescents de manière expérimentale.

Aux antivax s'ajouteront, parmi ses détracteurs, les amateurs de fromages au lait cru, inquiets de l'offensive généralisée des produits

TEXTE
BRUNO FULIGNI
ILLUSTRATIONS
SOLANGE GAUTIER

pasteurisés. Même des camemberts, pour l'exportation, se déclinent aujourd'hui sous la forme de pâtes insipides dont le lait a été privé de tous ses ferments. Mais était-ce bien la volonté de Pasteur, qui n'a jamais désigné le fromage comme un ennemi de la santé ?

Comtois, tête de bois

Pasteur est né à Dole, dans le Jura, l'un des trois départements qui recouvrent à cette époque l'ancienne province de Franche-Comté. Il suffit de s'y promener pour comprendre à quel point ce chercheur était prédestiné à sa découverte. « Dans les champs de l'observation, le hasard ne favorise que les esprits préparés », dira-t-il. Son département natal en témoigne : en cette petite Suisse française, tout est briqué, astiqué, ➢

rangé, impeccable. Les maisons proprettes, les rues bien tenues par les riverains qui balaient chacun devant leur porte, tout cela, stérilisé par des hivers toniques où l'air pur des montagnes descend à des températures hostiles aux colonies microbiennes, fait du pays natal de Pasteur une étonnante préfiguration de ses laboratoires.

« Une idée reçue voudrait que le caractère d'un homme soit forgé par la région d'où il vient – surtout quand il s'agit des montagnes, censées donner du caractère », observe Gilles Fumey, géographe à la Sorbonne et chercheur au laboratoire Sirice du CNRS. Spécialiste de l'alimentation et des pratiques culturelles autour de la santé depuis le XIXᵉ siècle, il prépare une biographie savante du grand homme. « Comme Pasteur avait une très forte personnalité – "Comtois, tête de bois" était un proverbe qu'il

aimait rappeler –, on pourra lui attribuer ce trait-là par ses origines franc-comtoises. Cela dit, Pasteur s'est instruit et a passé sa vie à Paris. » Après Dole puis le collège royal de Besançon, le voici en 1838 au quartier Latin, du côté de la Montagne Sainte-Geneviève, à la pension Barbet, et plus tard à l'École normale supérieure. Quand ses théories auront triomphé, c'est dans la plaine de Vaugirard qu'on le retrouve, où s'élève le fameux Institut Pasteur : depuis sa mort en 1895, il y repose, dans un extraordinaire mausolée qui nargue toutes les lois hygiénistes proscrivant l'inhumation à domicile.

Entre-temps, une vie vouée à renouveler la connaissance scientifique a fait de Louis Pasteur l'archétype du savant génial. Réfutant la théorie de la « génération spontanée », dans laquelle la vie apparaissait de rien, il a prouvé la présence

DOSSIER
SPÉCIAL

Ça pue
pour
les *fromages*
au lait cru

En poste à Lille, le jeune Pasteur s'est d'abord intéressé à la fermentation de la bière. (...) Plus tard, à la demande de Napoléon III, il se penche sur les altérations du vin et la formation du vinaigre.

de micro-organismes dans l'air ; pour combattre leur action, il a imaginé des règles d'hygiène élémentaire ainsi qu'un procédé de chauffage qui tuait les germes invisibles à l'œil nu. « La microbiologie, qu'il a créée, lui a permis de construire des protocoles de recherche nécessaires pour les vaccins, explique Gilles Fumey. À un certain niveau de recherches, les frontières disciplinaires sont ténues. Et les micro-organismes participent de la compréhension générale du fonctionnement de la vie. »

Mais la technique de la pasteurisation ne visait nullement les fromages à l'origine. En poste à Lille, le jeune Pasteur s'est d'abord intéressé à la fermentation de la bière. Chez les brasseurs lillois, et dans la distillerie de betteraves à sucre d'Esquermes, il fait ses premières armes. Plus tard, à la demande de Napoléon III, il se penche sur les altérations du vin et la formation du vinaigre. Et c'est ainsi qu'en 1866, dans ses

Études sur le vin, il préconise de chauffer le vin à 57 °C pour tuer les germes, résolvant ainsi le problème de sa conservation et du transport. On ne pasteurise plus guère les vins depuis les années 1930, des techniques moins brutales ayant été mises en œuvre, mais la pasteurisation-éclair (flash-pasteurisation) se pratique même en bio, à 74 °C. Quant aux fromages au lait cru, Pasteur n'en a jamais voulu la mort.

« À l'époque, la question ne se posait pas en ces termes-là, précise Gilles Fumey. On ne connaissait pas le rôle des microbes dans les fermentations. La théorie pasteurienne des germes a permis d'expliquer pourquoi le lait pouvait tuer. Ce qui est compliqué à comprendre pour le commun des mortels dans la fermentation, c'est que les micro-organismes sont à la fois responsables de la fermentation et de la décomposition. La science aujourd'hui aide les fabricants de produits fermentés, industriels ou

> Pasteuriser le lait ? On n'y songea pas tout
> de suite en France, où divers escrocs,
> comme le criminel Cesbron, dit Guérin,
> commercialisaient du lait de longue
> conservation qu'ils avaient tout
> simplement additionné de formol...

artisanaux, à séparer les bons ferments des mauvais, même si la maîtrise absolue est impossible car la fermentation, c'est le Vivant… »

Lait au formol

Pasteuriser le lait ? On n'y songea pas tout de suite en France, où divers escrocs, comme le criminel Cesbron, dit Guérin, commercialisaient du lait de longue conservation qu'ils avaient tout simplement additionné de formol… Une mixture toxique que le gouvernement interdit. Ce fut l'agrochimiste allemand Franz von Soxhlet, dans les années 1880, qui eut l'idée de chauffer le lait pour en retarder la corruption.

Quant à Pasteur, il n'a jamais condamné le plaisir d'un fromage coulant et odoriférant. « Pasteur était un bon convive, quelqu'un qui aimait la bonne chère, qui chérissait le vin comme "la plus saine des boissons", assure Gilles Fumey. Mais qu'est-ce qu'un bon convive quand on est très sérieux, attaché à des règles de comportement assez strictes et sans doute

pas un grand pratiquant des longues heures à table ? »

La gastronomie selon Pasteur est en effet roborative, mais sobre. « Comment mangeait donc Pasteur ? Bien simplement », témoigne son disciple le docteur Pozerski, entré à l'Institut Pasteur en 1901 et plus connu sous le pseudonyme d'Édouard de Pomiane pour ses nombreux ouvrages de gastronomie : *Bien manger pour mieux vivre*, *Le code de la bonne chère*, *Vingt plats qui donnent la goutte…* Fondateur de la « gastrotechnie », Pozerski ne détestait pas jouer les historiens amateurs et, sur le rapport de Pasteur à la table, mena une véritable enquête, en commençant par interroger son gendre, Vallery-Radot : « Il n'aimait que les pommes de terre frites », répondit ce témoin bien placé.

« Ceci ne contredit point les renseignements que j'ai pu recueillir auprès d'Eugène Viala qui fut le fidèle préparateur de Pasteur jusqu'à ses derniers jours de travail, ajoute Pomiane. Le matin, Pasteur prenait du chocolat et un

croissant ; à midi, il mangeait tous les jours une côtelette de mouton de quatre sous et des pommes de terre ; celles-ci étaient présentées soit sous la forme de pommes frites, soit sous celle d'une purée. Lorsque Pasteur s'attardait au laboratoire, il emmenait Eugène Viala déjeuner à sa table ; il faisait alors acheter une côtelette de quatre sous en supplément ; tous les jeudis, Pasteur mangeait du saucisson chaud cuit avec des haricots rouges ; Madame Pasteur servait elle-même à chacun sa part. Les dimanches d'hiver, Pasteur réunissait à sa table ses collaborateurs : Roux, Chamberland, Perdrix, Wasserzug, Adrien Loir, Duclaux ; ce jour-là, on mangeait du poulet en buvant du vin d'Arbois », évidemment pasteurisé.

En effet, « Pasteur faisait venir son vin d'Arbois ; ce vin arrivait en fût et était mis en bouteille par Eugène Viala ; les bouteilles étaient chauffées vingt minutes à 60 °C dans des bassines d'eau, puis conservées à la cave après avoir été soigneusement numérotées, car Pasteur était un homme d'ordre ; il aurait vu d'un mauvais œil la disparition d'une de ses bouteilles. Le soir, Pasteur se contentait d'un potage et d'un œuf car il se couchait très tôt après le dîner. » Rien de folichon en somme, mais rien non plus d'ascétique et Pomiane, qui occupera le siège « Louis Pasteur » à l'Académie des gastronomes, cherche à prouver que le grand homme aimait la table : « On ne peut donc pas dire que Pasteur n'était pas gastronome puisqu'il préférait certains plats à d'autres ! Pasteur était gastronome puisqu'il adorait son vin d'Arbois, ce vin d'où est sortie toute son œuvre immortelle. »

Grâce à l'enquête de Pomiane, lequel donna son nom à un prix décerné à partir de 1969 par le *Guide touristique et gastronomique du médecin*, un chef mit un jour à sa carte « le saucisson chaud cuit aux haricots rouges à la Louis Pasteur ». À déguster avec une éprouvette de vin d'Arbois préalablement chauffée à 57 °C, puis à oublier à l'aide d'un mont d'or particulièrement liquide et d'un bleu de Gex outrageusement persillé… ✳

DOSSIER
SPÉCIAL

Ça pue
pour les *fromages*
au lait cru

Le pourquoi
du comment

LA BATAILLE
DES FERMENTS

À l'origine du fromage, il y a le lait.
Mais pas seulement. La qualité d'un camembert
ou d'un chavignol dépend aussi de sa culture
d'amorçage, le ferment. Naturel ou industriel,
c'est le dilemme du moment.

DU PLATEAU VENTEUX DE L'AUBRAC aux prés humides de Normandie, les écosystèmes signent les fromages de leurs empreintes. Les ferments naturels sont tapis partout, sur les pis des vaches, des chèvres, des brebis, mais aussi dans l'étable, dans l'air, sur les mains, dans le petit-lait de la veille qui, réinjecté dans la traite du jour, amorce une nouvelle fournée fromagère. Une fois sorti des mamelles, le lait se charge de milliers de micro-organismes qui vont le rendre unique. Au cœur de la cuve, de petites bestioles unicellulaires, les bactéries lactiques, travaillent dur pour enrichir le caillé en nutriments, vitamines, probiotiques. Quand elles se mettent en mouvement, la fermentation s'enclenche.

TEXTE
PAULE MASSON
ILLUSTRATION
SOLANGE GAUTIER

De l'importance de la biodiversité

L'utilisation de ferments naturels, devenue rare, fait un retour en force dans le débat sur la préservation de la biodiversité alimentaire. Pas si simple pourtant à mettre en œuvre. Janine et Denis Lelouvier font partie des rares paysans à fabriquer du véritable camembert de Normandie. Leur ferme, située dans le Calvados, est un petit bijou de biodiversité. Les vaches, de race normande, ne se nourrissent que de prairies naturelles. « Chaque champ est différent et nous tenons à retrouver les goûts des plantes et des herbes dans le fromage que nous fabriquons », témoignait Janine Lelouvier en 2019, année ⌵

où Slow Food a élevé son camembert au rang de « sentinelle » de la biodiversité. La pâte onctueuse, au goût de mille fleurs, bénéficie de l'appellation d'origine protégée et d'un label bio. Mais, avoue la fromagère, « il est très difficile de se passer totalement des ferments du commerce ». « La faute à la pauvreté des laits qui ont perdu beaucoup de capacité fromagère », explique Nicolas Floret, président de l'association Les fromages naturels de France. Les liens distendus avec le territoire, des sols et des prairies écologiquement moins riches, des ateliers de fabrication aseptisés, des troupeaux consignés à l'étable, l'utilisation du froid pour transporter, puis du chaud pour pasteuriser ont généré une perte d'aptitude à la coagulation. Les teneurs du lait en nombre de germes révèlent aujourd'hui des flores qui se situent sous la barre des 5 000 unités formant colonie (UFC). La « charge microbienne » atteignait entre 40 000 et 90 000 UFC dans les années 1980 et plus de 200 000 il y a cinquante ans. « Avant, le lait était tellement riche qu'il caillait spontanément. Les vaches étaient élevées à l'herbe et le fourrage était produit sur la ferme sans aucun intrant chimique », reprend Nicolas Floret. La société était différente aussi, les fermes familiales pouvaient plus facilement gérer l'instabilité des fermentations, plus ou moins longues à démarrer selon la météo, la température, l'humidité, etc.

Un marché mondialisé

Les ferments du commerce, panel de souches bactériennes assemblées en laboratoire, sont plus réguliers. Ils permettent d'aller vite, de stabiliser le processus et les horaires de travail du personnel. Mais, sans une culture mère riche d'un biotope bactérien naturel, le goût est orphelin, standardisé. Stabilité contre expressivité, c'est le grand dilemme de l'époque. La production moderne a quasi généralisé les ensemencements exogènes et encourage à avoir la main lourde sur la présure de synthèse. Le marché des ferments est mondialisé et pourtant assez méconnu du grand public. Contrôlé par de grands chimistes, tels les Danois Chr. Hansen ou Danisco, ces derniers déversent sur le marché des cocktails complexes de molécules presque capables de copier l'original. « À cela s'ajoutent des ferments spécifiques à l'affinage, des éléments pour la texture, autant d'additifs de sécurisation de la production, développe Christophe Chassard, directeur de recherche à l'Institut national de recherche pour l'agriculture, l'alimentation et l'environnement (Inrae). Le problème, c'est que si la dose utilisée est trop forte, elle écrase la biodiversité. De plus, ces intrants coûtent cher et rendent le paysan dépendant de leurs achats. » Le chercheur travaille donc à la mise en place de filières de fabrication de ferments autochtones gérés par les producteurs, à partir des collections de souches anciennes conservées à l'Inrae. L'objectif est d'utiliser les connaissances modernes pour les mettre au service du respect de la matière première et redonner de l'autonomie aux éleveurs. Car c'est à la ferme que le lait s'imprègne de son environnement. Une vache est couchée en moyenne douze à quatorze heures par jour. L'herbe qu'elle foule ne fait pas que remplir son estomac, elle alimente aussi son flux microbien par contact. Chaque ferme possède ses propres ferments, profondément liés à son environnement. Les fromages y puisent la singularité de leurs arômes. La défense de ces goûts uniques mérite bien d'en faire tout un fromage *

Le divin quoti dien

de Delphine

Ô miracle !

On n'y croyait plus et voilà la verdure qui tapisse petit à petit
les champs et les prés, les jardins et les bosquets.
L'air s'emplit de vent coulis et de charmants gazouillis, les ingrédients
printaniers reviennent nous titiller les narines et les papilles :
il est temps de cuisiner cette nature miraculeusement fertile !

RECETTES ET STYLISME
DELPHINE BRUNET

PHOTOGRAPHIES
GUILLAUME CZERW

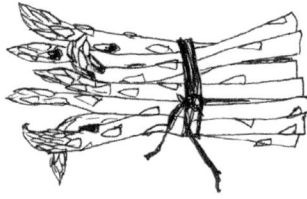

Galettes, crêpes, pancakes… une gentille idée pour faire un lit douillet à ces asperges mignonnettes.

Pancakes aux asperges vertes, crème à la coriandre et noisettes

POUR 4 PERSONNES

LA PÂTE

135 g de farine
60 g de farine de riz complet
1 œuf
32 cl d'eau très froide
Sel et poivre

LA CRÈME

20 cl de crème liquide entière froide
1 poignée de noisettes
20 brins de coriandre
Sel et poivre

LA GARNITURE

1 botte d'asperges vertes fines
2 c. à s. d'huile d'olive + 1 filet
1 c. à s. de vinaigre balsamique
Sel et poivre

❶ Cassez la base des tiges d'asperges. Coupez les asperges en 2 dans l'épaisseur. Faites chauffer l'huile dans une poêle puis dorez les asperges avec le vinaigre, quelques minutes de chaque côté. Salez, poivrez, réservez.

❷ Préparez la pâte en assemblant les farines, du sel et du poivre. Battez l'œuf à la fourchette avec l'eau froide puis versez sur les farines. Mélangez.

❸ Mixez la coriandre avec les noisettes. Montez la crème liquide en chantilly. Ajoutez le mélange coriandre et noisettes. Salez, poivrez et réservez au frais.

❹ Faites chauffer une poêle avec 1 filet d'huile. Versez une louchette de pâte, disposez aussitôt quelques asperges avant que la pâte ne prenne, laissez cuire 30 secondes à 1 minute puis retournez la galette et laissez dorer 1 minute. Recommencez ce petit manège avec le restant des ingrédients.

❺ Servez chaud avec la crème fouettée.

128

Entrée

Bouillon printanier aux légumes verts et parmesan

POUR 4 PERSONNES

LE BOUILLON

10 brins de coriandre
10 brins de persil
2 gousses d'ail
2 cm de gingembre
4 oignons nouveaux
1 filet de poulet
1 c. à s. de gros sel
1 citron
3 c. à s. d'huile d'olive

LES LÉGUMES

100 g de cocos plats
100 g de haricots verts
100 g de petits pois écossés
100 g de fèves fraîches écossées

LA SAUCE

1 citron
60 g d'olives vertes dénoyautées
1 gousse d'ail
25 g de parmesan en copeaux
Coriandre
Persil
7 cl d'huile d'olive
Sel et poivre

❶ Pour le bouillon, effeuillez les herbes aromatiques. Conservez les tiges. Épluchez l'ail, le gingembre et les oignons nouveaux. Coupez le tout en morceaux. Faites chauffer une cocotte, versez l'huile puis faites revenir l'ail, le gingembre et les oignons pendant 3 à 5 minutes, versez 1,5 à 2 l d'eau, le zeste et le jus du citron, les tiges des herbes et le gros sel. Portez à frémissements puis laissez mijoter 20 minutes à couvert avec le filet de poulet entier. Retirez les tiges d'herbes et donnez-les aux poules. Ôtez ensuite le filet de poulet, laissez-le un peu refroidir avant de l'effilocher.

❷ Pour la sauce, coupez le citron en tranches. Faites-les griller dans une poêle quelques minutes de chaque côté. Mixez les olives avec l'ail, le parmesan (gardez quelques copeaux pour le service), du persil, de la coriandre (gardez-en quelques feuilles pour le service) et l'huile d'olive. Salez, poivrez. Réservez.

❸ Coupez les cocos plats en 3, les haricots verts en 2. Ébouillantez les fèves 1 minute puis retirez la petite peau qui les entoure.

❹ Portez le bouillon à frémissements puis ajoutez les cocos plats et les haricots verts. Laissez cuire 10 minutes puis ajoutez le poulet effiloché, les petits pois, les fèves et poursuivez la cuisson 3 minutes.

❺ Servez avec la sauce, les copeaux de parmesan et la coriandre restants.

Salade de jeunes navets, cacahuètes, coriandre et capucines

POUR 4 PERSONNES

1 botte de jeunes navets violets
1 citron vert
20 brins de coriandre
50 g d'amandes fumées grillées
50 g de cacahuètes grillées et salées
6 tranches de pancetta (75 g environ)
1 c. à s. de moutarde à l'ancienne
3 c. à s. d'huile de noisette
1 c. à s. de vinaigre de xérès
1 c. à s. de cranberries séchées
Quelques jeunes feuilles et fleurs de capucine
Sel et poivre

❶ Brossez les navets sous l'eau, coupez-les en 2 en conservant une partie des queues. Taillez les navets en tranches très fines avec une mandoline, déposez-les dans une assiette puis arrosez-les de jus du citron vert. Salez, poivrez et réservez.

❷ Effeuillez la coriandre et mixez-la avec les amandes et les cacahuètes.

❸ Faites griller les tranches de pancetta dans une poêle chaude pendant 1 minute de chaque côté. Réservez sur du papier absorbant.

❹ Fouettez la moutarde avec le vinaigre et l'huile.

❺ Mélangez les tranches de navets avec les cranberries, le mélange coriandre, amandes et cacahuètes et enfin la vinaigrette. Servez avec la pancetta émiettée et quelques feuilles et fleurs de capucine.

❶ Pour la pâte, mélangez les farines avec le sel et les feuilles de romarin finement ciselées. Versez 350 g d'eau dans la cuve du robot pétrisseur muni du crochet, ajoutez la levure et le mélange précédent. Pétrissez 10 minutes. La pâte est collante, couvrez la cuve et laissez lever au chaud pendant 1 heure.

❷ Coupez le pâton en 6 morceaux. Formez des galettes de 15 cm de diamètre sur un plan de travail fariné. Déposez-les sur une plaque de cuisson recouverte de papier sulfurisé, couvrez d'un torchon et laissez lever encore 30 minutes dans un endroit chaud.

❸ Préchauffez le four à 200 °C.

❹ Coupez les poires en fines tranches et le gorgonzola en petits morceaux. Râpez la gousse d'ail. Répartissez les poires et le fromage sur les petites galettes, ajoutez un peu d'ail, du thym, du sel, du poivre et un filet d'huile d'olive. Enfournez pour 20 minutes.

❺ Servez tiède avec une salade d'herbes, comme celle de la page suivante.

Entrée

Petits pains aux poires et gorgonzola

POUR 6 PERSONNES

LA PÂTE
400 g de farine T65
100 g de farine complète
10 g de sel
1 branchette de romarin
1 sachet de levure de boulanger

LA GARNITURE
200 g de gorgonzola
3 petites poires de la Saint-Jean
1 gousse d'ail
2 c. à s. d'huile d'olive
Thym sec
Fleur de sel et poivre

De jolies fleurs
de capucine cueillies
ce matin dans le jardin
relèvent cet accompagnement
étonnant de leur petit goût
piquant.

Plat

Bananes plantain rôties et salade d'herbes

POUR 4 PERSONNES

3 bananes plantain bien mûres
1 gousse d'ail
30 g de beurre
3 c. à s. d'huile d'olive
4 pincées de cannelle
Fleurs de capucine
Sel et poivre

LA SALADE D'HERBES
3 c. à s. d'huile de colza
3 c. à s. d'huile d'olive
1 c. à c. de moutarde
1 c. à s. de vinaigre
1 c. à s. de câpres
1 gros mélange d'herbes : persil, estragon, coriandre, menthe

❶ Épluchez les bananes, coupez-les en 2 dans l'épaisseur puis recoupez-les en tronçons. Épluchez et râpez la gousse d'ail.

❷ Faites fondre le beurre avec l'huile dans une grande poêle et faites-y dorer les bananes pendant 10 minutes. Ajoutez la cannelle et l'ail. Salez, poivrez et mélangez.

❸ Pour la salade, lavez et essorez les herbes, effeuillez-les. Hachez les câpres. Fouettez les huiles avec le vinaigre et la moutarde. Ajoutez les câpres. Mélangez les herbes à la sauce et servez avec les bananes rôties et les fleurs de capucine.

Pommes de terre tapées, oignons nouveaux et bavette à en baver

POUR 4 PERSONNES

4 morceaux de bavette de 150 g
20 petites pommes de terre nouvelles de Noirmoutier
(1 kg environ)
2 c. à s. de thym frais en fleurs
30 g de beurre
35 g de chapelure maison
1 botte d'oignons nouveaux
1 gousse d'ail
4 c. à s. d'huile d'olive
1 c. à s. de vinaigre balsamique
Fleur de sel et poivre

❶ Brossez les pommes de terre sous l'eau puis faites-les cuire sans les éplucher dans une casserole d'eau salée 15 minutes à partir du frémissement. Égouttez-les, écrasez-les du plat de la main et déposez-les sur une plaque de cuisson.

❷ Préchauffez le four à 200 °C.

❸ Saupoudrez les pommes de terre écrasées de thym, de chapelure, de morceaux de beurre, d'un filet d'huile d'olive, de fleur de sel et de poivre. Enfournez pour 20 minutes.

❹ Dans une poêle faites fondre les oignons et l'ail émincés avec l'huile d'olive. Réservez.

❺ Saisissez les morceaux de bavette 1 à 2 minutes de chaque côté dans une poêle avec un peu d'huile d'olive. Déglacez avec le vinaigre puis ajoutez les oignons et l'ail. Salez, poivrez puis mélangez pendant 1 minute et servez avec les pommes de terre tapées.

Boulettes de maquereau, sauce coco-moutarde

POUR 4 PERSONNES

4 maquereaux levés en filets sans la peau (300 g)
2 tranches de pain dur
1 petit bouquet de persil
130 g de pois chiches cuits
2 oignons nouveaux
1 gousse d'ail
1 c. à c. de harissa artisanale
1 œuf
2 pincées de graines de cumin
6 c. à s. d'huile d'olive
50 cl de lait de coco
3 c. à s. de moutarde en grains
1 citron vert
Sel, poivre et persil ciselé

❶ Faites ramollir le pain dur dans un saladier avec un peu d'eau pendant 10 minutes puis pressez-le bien.

❷ Taillez les filets de maquereaux en morceaux et mixez-les avec le persil, les pois chiches, l'ail et les oignons pelés et émincés. Ajoutez le pain mou, la harissa, l'œuf et le cumin. Salez et poivrez.

❸ Malaxez bien à la main et formez des boulettes un peu allongées à l'aide de 2 cuillères. Faites-les dorer dans une poêle avec l'huile d'olive chaude pendant quelques minutes de chaque côté.

❹ Versez le lait de coco, la moutarde, les zestes et le jus du citron dans une sauteuse. Portez à frémissements, salez, poivrez, ajoutez les boulettes et laissez cuire 3 à 5 minutes. Servez avec le persil ciselé.

❶ Dans une grande cocotte en fonte bien chaude, versez l'huile d'olive, ajoutez le beurre et la viande. Faites dorer les morceaux de tous côtés pendant 10 minutes, ajoutez l'ail épluché, saupoudrez de farine, mélangez 2 minutes puis versez le vin blanc. Salez, poivrez puis ajoutez le laurier, le thym et couvrez de bouillon de poule mélangé au concentré de tomates. Laissez cuire 1 heure.

❷ Épluchez les pommes de terre, les carottes et les oignons, coupez-les en morceaux.
Coupez le citron confit en petits dés. Ajoutez le tout dans la cocotte et poursuivez la cuisson de 20 à 30 minutes. Trois minutes avant la fin, ajoutez les petits pois.

❸ Servez bien chaud avec un peu de persil ciselé.

Plat

Navarin d'agneau aux petits légumes

POUR 4 À 6 PERSONNES

1 kg d'épaule d'agneau désossée et taillée en morceaux
500 g de pommes de terre nouvelles
6 carottes nouvelles
6 oignons nouveaux
1 citron confit
200 g de petits pois écossés
4 gousses d'ail nouveau
1 c. à s. de farine
20 cl de vin blanc
1 feuille de laurier
1 branche de thym
1 l de bouillon de poule
3 c. à s. de concentré de tomates
50 g de beurre
2 c. à s. d'huile d'olive
Persil plat
Sel et poivre

Dessert

Gâteau fourré
aux pruneaux

POUR 6 À 8 PERSONNES

LA CRÈME DE PRUNEAUX
300 g de pruneaux dénoyautés
50 cl de thé Earl Grey
2 c. à s. de rhum

LA PÂTE
3 jaunes d'œuf
125 g de sucre roux
1 sachet de sucre vanillé
125 g de beurre salé mou
250 g de farine
½ sachet de levure chimique

❶ La veille, faites tremper les pruneaux dans le thé chaud. Laissez barboter 1 nuit à température ambiante. Le lendemain, égouttez les pruneaux et mixez-les, ajoutez le rhum et faites cuire cette crème 5 minutes dans une poêle pour la dessécher un peu.

❷ Dans le bol d'un robot, assemblez les jaunes d'œuf, les sucres et le beurre. Battez avec la feuille puis ajoutez la farine et la levure tamisées ensemble. Divisez la pâte en 2. Étalez chaque morceau entre 2 feuilles de papier sulfurisé et réservez au frais 1 heure.

❸ Préchauffez le four à 180 °C.

❹ Foncez un moule à tarte de 22 ou 24 cm de diamètre avec la première pâte, retirez le papier du dessus. Étalez la crème de pruneaux puis recouvrez avec la deuxième pâte débarrassée de ses papiers. Soudez bien les bords en pressant les 2 pâtes ensemble. Enfournez pour 40 à 45 minutes. Démoulez le gâteau sur un plat, laissez refroidir un peu avant de servir.

n peu de meringue moelleuse s'il vous plaît pour adoucir l'acidité de la rhubarbe et le blues des dimanches soir.

Dessert

Tarte pomme-rhubarbe meringuée

POUR 6 À 8 PERSONNES

LA PÂTE
125 g de farine
65 g de beurre salé mou
45 g de sucre roux
1 œuf

LA COMPOTÉE
2 pommes
600 g de rhubarbe
1 gousse de vanille
80 g de sucre roux

LA MERINGUE
3 blancs d'œuf
200 g de sucre blanc

❶ Pour la pâte, assemblez les ingrédients. Malaxez, ajoutez un peu d'eau si besoin pour obtenir une pâte souple et homogène, formez une boule, réservez-la au frais 30 minutes.

❷ Pour la compotée, épluchez les pommes, coupez-les en morceaux. Effilez les tiges de rhubarbe et coupez-les en tronçons. Faites cuire les pommes et la rhubarbe dans une casserole pendant 5 minutes à couvert avec le sucre roux et la gousse de vanille fendue en 2 et grattée puis 15 minutes sans couvercle afin de laisser l'eau de cuisson s'évaporer. Mélangez de temps en temps. Versez dans une passoire fine posée au-dessus d'un saladier et laissez s'égoutter pendant 1 heure au moins. Conservez le jus.

❸ Préchauffez le four à 180 °C.

❹ Étalez la pâte sur un plan de travail fariné puis foncez un moule à tarte de 22 cm de diamètre, piquez le fond avec une fourchette et enfournez pour 20 minutes. Démoulez ensuite sur une grille et laissez refroidir puis étalez la compotée dans le fond.

❺ Pour la meringue, préparez un sirop en faisant chauffer le sucre et 70 g d'eau dans une casserole jusqu'à bouillonnement. Montez les blancs au batteur. Lorsqu'ils sont fermes, versez le sirop et fouettez encore pour bien l'incorporer.

❻ Étalez la meringue sur la compotée, passez sous le gril 2 minutes en surveillant bien et servez sans attendre accompagné d'un verre de jus des fruits coupé d'eau.

Cake au fromage blanc, fleur d'oranger et marmelade de cédrat

POUR 6 PERSONNES

LA MARMELADE (3 POTS)
500 g de cédrats
500 g de sucre cristal

LE CAKE
1 œuf + 4 jaunes
100 g de fromage blanc
120 g de sucre roux
2 c. à s. d'eau de fleur d'oranger
100 g de beurre salé fondu
180 g de farine
1 sachet de levure

❶ La veille, lavez les cédrats en les brossant sous l'eau chaude puis coupez-les en fines lamelles. Plongez-les dans un saladier d'eau froide et laissez-les barboter en changeant l'eau 1 à 2 fois.

❷ Le jour J, égouttez et placez les lamelles de cédrat dans une marmite avec 25 cl d'eau. Portez à frémissements jusqu'à ce que l'eau soit presque évaporée, soit environ 15 minutes, et mélangez régulièrement.

❸ Versez 25 cl d'eau dans une casserole, ajoutez le sucre et faites-le fondre quelques minutes puis versez ce sirop sur les tranches de cédrat et laissez cuire 30 minutes. Mixez en laissant des morceaux. Mettez en pots préalablement ébouillantés et fermez les couvercles. Retournez les pots et laissez refroidir.

❹ Préchauffez le four à 180 °C.

❺ Préparez le cake en mélangeant l'œuf et les jaunes avec le fromage blanc, le sucre et l'eau de fleur d'oranger puis ajoutez le beurre fondu. Mélangez. Ajoutez la farine et la levure tamisées ensemble. Versez la pâte dans un moule à cake beurré puis enfournez pour 40 minutes en chaleur tournante. Laissez refroidir un peu sur une grille avant de servir en belles parts avec de la marmelade de cédrat.

Dessert

Abricots anisés, crème mascarpone et biscuits

POUR 4 PERSONNES

*12 abricots secs
4 étoiles de badiane
1 c. à c. de graines d'anis
1 c. à s. de pastis
1 c. à s. de sirop d'orgeat
120 g de mascarpone
2 c. à c. de miel liquide
20 cl de crème liquide froide
Quelques gaufrettes croustillantes*

❶ Faites chauffer 40 cl d'eau dans une casserole avec la badiane, l'anis et les abricots secs coupés en 3. Couvrez et laissez infuser 30 minutes hors du feu. Ajoutez le pastis, le sirop d'orgeat et laissez refroidir.

❷ Battez le mascarpone avec le miel pour l'assouplir. Montez la crème liquide en chantilly puis ajoutez le mascarpone au miel et mélangez délicatement.

❸ Égouttez les abricots. Conservez l'infusion pour préparer une boisson chaude ou froide.

❹ Répartissez les abricots dans des coupes, ajoutez quelques morceaux de gaufrettes, de la crème et encore des gaufrettes. Servez avec l'infusion coupée avec un peu d'eau.

Cahors,
vent nouveau

TEXTE Pierrick Jégu   PHOTOGRAPHIES Vincent Baldensperger

Avec leurs cuvées classées en appellation cahors ou en vin
de France, une grosse poignée de vignerons du Lot enterre
pour de bon les anciens codes de la viticulture locale.
Les amateurs de vins libérés et digestes s'en réjouissent !

Autrefois, les vins de Cahors, produits dans la superbe vallée du Lot, avaient la réputation de jajas ultra-tanniques dans leur jeunesse, que seule une très longue garde pouvait amadouer. Il n'y a pas si longtemps le vignoble continuait de communiquer sur un registre tout en puissance avec, en étendard de leur plaquette, brochure et autres documents, l'expression « black wine ». Tout un programme, a priori pas léger léger ! Alors, à une époque où la quête est plutôt à des vins certes expressifs, mais très digestes, quelques domaines de la région ont soufflé ce vent nouveau. Vignerons du coin ou néo-venus d'ailleurs, ces gens-là se sont mis à mettre en bouteilles des vins détendus, libérés, débarrassés des vieux corsets de sévérité et d'austérité. Du malbec, le grand cépage local, ils ont gardé la vigueur et le tempérament tout en lui apportant une vivacité bienvenue. Et, hors des cadres de l'appellation cahors, ils ne se sont pas interdit de planter d'autres cépages pour signer des cuvées douées d'une grande originalité. Une heureuse cure de jouvence pour l'un des vignobles les plus intéressants du Sud-Ouest ✳

Retrouvez notre carnet d'adresses page 192

Depuis une dizaine d'années, Charlotte et Louis Pérot écrivent une belle aventure vigneronne dans un paysage tout en harmonie et diversité, sûrement pas étranger à l'équilibre et au naturel de leurs vins.

L'Ostal
Levant

LE BITUME n'arrive pas jusqu'à chez eux…
Sur les quelques derniers hectomètres,
une piste de terre serpente à flanc
d'un coteau forestier. Tiens, un
chevreuil ! Peut-être bien celui qui vient
jouer le pique-assiette dans les parcelles du
domaine. Oubliez les géographies monotones
où la vigne mange tout le reste. Ici, sur ce relief
aux harmonieuses ondulations, le paysage est
partageur, entre 3,5 hectares de vigne morcelés
en petites parcelles de 10 à 20 ares, bois,
prairies, ruches et arbres fruitiers. Charmant.
Le genre d'endroit qui vous étreint plus qu'il
ne vous intimide. Charlotte et Louis Pérot ont
acheté ici en 2015, sur la commune de Puy-
l'Évêque, après avoir débarqué dans le coin
quelques années plus tôt du côté de Duravel.
Avant, ces Parisiens – d'origine charentaise
pour Louis et normande pour Charlotte –
avaient le nez dans les bouquins, lui en tant que
libraire, elle dans l'édition. L'envie de quitter la
capitale ! Et pourquoi pas devenir vignerons ?
Une formation à Beaune, un stage chez Simon
Busser du Domaine des Rouges (voir page 151),
la découverte du milieu nature et une première
barrique – et demie – vinifiée en 2012. Voilà
les prémices de l'histoire qui se prolongent
donc sur leur délicieux petit territoire à la
grande diversité géologique. Au bruit du
tracteur, Charlotte et Louis préfèrent le
souffle du cheval. Aux bouts de fer pour tenir

Une viticulture sur-mesure adaptée à chaque parcelle, un maximum de travail manuel. Pas de doute, Charlotte et Louis Pérot entretiennent une connivence très intime avec leur terroir et leurs vignes.

les palissages, ils préfèrent les piquets en bois fabriqués maison. Au strict cahier des charges de l'appellation, ils choisissent, quitte à classer leurs jajas en vin de France, leur liberté de multiplier les essais, de planter du chenin, du mauzac, du len de l'el (loin de l'œil) ou encore des hybrides en plus du malbec, cépage emblématique de l'appellation.

Les sulfites, ils font sans. Dans leur carnet d'adresses, plein de copains vignerons pour échanger. Et puis un autre compagnon de route dont Louis a dévoré les bouquins : le comte Alexandre-Pierre Odart-de-Rilly, ampélographe, vigneron en Touraine, auteur du *Traité de tous*

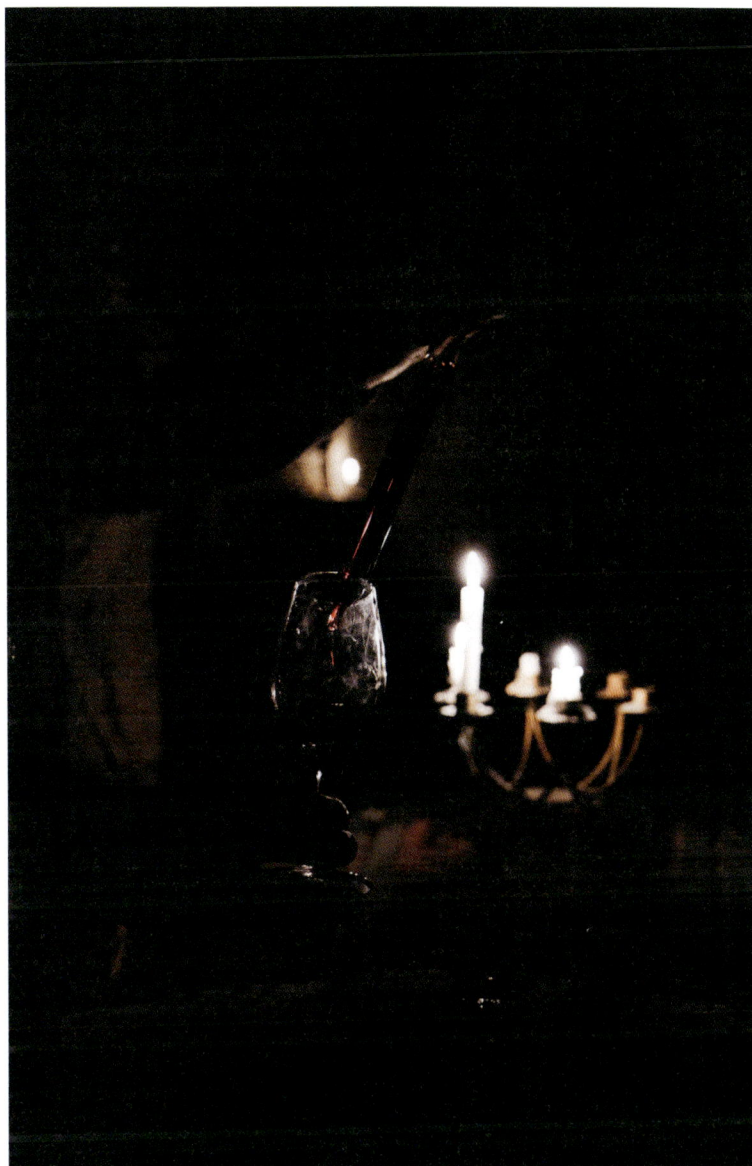

CI-CONTRE

*Dans le secret d'une vaste
cave souterraine, les vins
évoluent tranquillement
avant la mise en bouteilles.
Ici, on goûte à la bougie !*

les cépages estimés et du *Manuel du Vigneron*,
dans les années 1840. « Il faut absolument
parler de lui, insiste Louis. Il m'a beaucoup
éclairé sur le cot – malbec – sur sa vinification
en grappes entières, et sur une approche
intuitive de la nature. » Nourris de leur lecture,
de leur lien de plus en plus complice à leur
joli bout de nature, de leur curiosité et de
tout le reste, Charlotte et Louis signent une
dizaine de cuvées singulières. En attendant
d'être mises en bouteilles, elles vieillissent
en barriques dans le secret d'une cave
troglodytique, improvisée dans une ancienne
carrière devenue ensuite champignonnière ✳

LA DÉGUSTATION

VIN DE FRANCE, CUVÉE
UN CŒUR SIMPLE 2020

L'un des traits communs des vins de Charlotte et
Louis Pérot ? La proximité du raisin frais. Cette
cuvée issue de vieilles vignes n'échappe pas à la
règle. Vigoureuse, charnue, pulpeuse, dotée d'un
joli grain, elle ne souffre d'aucune lourdeur, bien au
contraire. Coup de foudre également pour Zamble
2020, seulement 11 degrés et beaucoup d'élégance.

– 20 € ENVIRON CHEZ LES CAVISTES –

VIN DE FRANCE, CUVÉE
JAUNE BLEU BLANC 2020

Mauzac, len de l'el et chenin composent ce blanc qui tutoie
le raisin avec beaucoup de tendresse et un grand naturel.

– 22 € ENVIRON CHEZ LES CAVISTES –

Domaine des Rouges

SES AMIS Charlotte et Louis Pérot sont des néo-paysans venus d'ailleurs. Simon Busser, lui, est un enfant du pays, avec un père et un grand-père vignerons avant lui dans le fief familial de Prayssac. Le vignoble de Cahors épouse la vallée du Lot, étagé des premières terrasses, tout près de la rivière, au plateau calcaire qui les domine. Les 7,5 hectares de vigne de Simon s'étendent plutôt sur la partie basse, non loin du Lot et de ses méandres. Déjà une quinzaine de vendanges et de vinifs à son actif, mais il incarne toujours un pan de la

PAGE DE GAUCHE

Simon Busser dans ses vignes. Quand d'autres vignerons de Cahors ont leurs vignes sur le plateau, les siennes sont plantées dans la vallée du Lot, à quelques encablures seulement des méandres de la rivière.

nouvelle génération cadurcienne qui file un bon coup de fouet à ce coin-là un peu trop longtemps resté campé sur la tradition de vins puissants et tanniques. Simon a commencé à la débrouille, avec les moyens du bord… Il vendait alors sur les marchés. En 2007, il rencontre Olivier Cousin : la grande figure de l'Anjou et d'une viticulture paysanne très vertueuse l'inspire alors beaucoup, comme la dégustation de nombreux vins nature. En 2009, il fait ses premières cuvées sans sulfites. L'année d'après, il bannit complètement ces derniers de sa cave. En balade sur son terrain de jeu, il nous présente sa jument bretonne, Marquise, et son cheval comtois, Tarzan, à l'ouvrage pendant les vendanges et pour un peu de travail du sol. « Des » sols plutôt, divers, terres profondes, entre sables, argiles et autres alluvions. En pur local, on s'attend à l'entendre prêcher la cause du malbec, le cépage star de Cahors. Il ne le renie pas, au contraire, mais nous explique aussi avoir planté du merlot, du pinot noir, du chenin, du trousseau et du savagnin. La marque de fabrique de ses vins – 8 cuvées –, une chair très présente et gourmande, une extraction relativement poussée, le tout balancé par une fraîcheur extraordinaire. Des cuvées d'une grande franchise ✳

La marque de fabrique des vins de Simon Busser ? Cet équilibre épatant entre générosité, énergie et fraîcheur.

LA DÉGUSTATION

VIN DE FRANCE, CUVÉE PUR COT 2019

La fougue du cot – l'autre nom du malbec –, une grande profondeur, beaucoup d'intensité et une fraîcheur bluffante qui tient le tout en un équilibre remarquable !

– DE 16 À 18 € CHEZ LES CAVISTES –

VIN DE FRANCE, CUVÉE LE BON, LA BRUTE ET LE TRUAND 2019

Un trio de cépages – pinot noir, trousseau et malbec – pour cette cuvée originale au profil fin et droit, issu de plantations de 2017. Élégante mais pas ramenarde. On se régale !

– 16 € ENVIRON CHEZ LES CAVISTES –

Clos Troteligotte

D'UNE PETITE FERME FAMILIALE en polyculture à l'un des domaines viticoles les plus en vue de l'appellation cahors, voilà l'histoire du Clos Troteligotte, mené par Emmanuel Rybinski. Son père avait planté des vignes et commencé à faire du vin en 1987. Après ses études et des échappées belles en Australie et aux États-Unis, Emmanuel est rentré au bercail en 2004. Aujourd'hui, sur ce plateau en limite du Quercy blanc, son domaine s'étend sur 19 hectares d'un vaste clos en (r)évolution perpétuelle. En 2010, passage en bio. En 2015, conversion à la biodynamie. Depuis, Emmanuel pousse le bouchon encore un peu

PAGE DE GAUCHE

Emmanuel Rybinski au cœur de son clos et d'une histoire où la vigne doit s'inscrire dans une biodiversité de plus en plus riche.

plus loin. L'idée : faire de ce grand clos un lieu vivant, « planté » d'arbres fruitiers et de haies pour faire le lien avec la forêt voisine, peuplé d'abeilles et d'autres espèces animales. Là, en contrebas des vignes, aménager aussi une zone humide pour permettre le développement de plantes, comme l'ortie et la prêle par exemple, utilisées en biodynamie. Bref, foncer avec réflexion dans la mise en place d'une grande biodiversité et dans la pratique agroforestière. Sur le domaine, Emmanuel dispose d'une large palette de cépages, chenin, chardonnay et viognier en blanc, malbec, merlot, tannat, gamay, jurançon noir, cabernet franc et gibert en rouge. Armé d'une connaissance précise de chacun de ses terroirs, il a décidé de baser ses vins sur des sélections parcellaires dont il ne tire pas moins de 13 cuvées classées en vin de France ou en appellation cahors. Pas de recettes au chai : les vinifications en cuve inox et plutôt à basse température sont adaptées à chaque style de vin, les élevages aussi, en amphores, jarres, foudres, barriques ou en cuves béton. Pour autant, quelques constantes commandent sa démarche : la confiance faite aux levures indigènes, des extractions plus douces que brutales et des sulfites réservés avec grande parcimonie au moment de la mise en bouteilles *

LA DÉGUSTATION

VIN DE FRANCE, CUVÉE K-BO 2020

Un gamay tout en fraîcheur, fruit et gourmandise.
Désaltérant, ce vin file droit au goût avec
quelques délicates notes épicées en points
de suspension de la dégustation.

– 12 € DÉPART CAVE –

AOC CAHORS, CUVÉE K-POT' 2019

Du malbec et rien que ça dans cette cuvée à l'agréable
fluidité. L'intensité du jus s'accommode très bien de ce
délicieux salin hérité du terroir de calcaire kimméridgien.

– 12,50 € DÉPART CAVE –

*Pas question, au chai, de gâcher une belle vendange
héritée d'un travail précis à la vigne. En amphores, jarres,
foudres, barriques ou cuves béton, le soin apporté à
l'élevage des vins est essentiel à leur juste expression.*

RECETTES ET STYLISME
DELPHINE
BRUNET
PHOTOGRAPHIES
GUILLAUME
CZERW

Home
made

Enfin le printemps !

Avec le retour des
beaux jours viennent
les envies de se poser en
terrasse, dans le jardin
ou dans le pré voisin avec
quelques gourmandises
maison qui appellent
le verre de vin.

Merci à Pascale, fidèle lectrice, de nous avoir accueillis dans sa belle maison au charme en accord parfait avec l'esprit de notre revue.

Pickles d'oignons rouges

POUR 1 BOCAL DE 50 CL

3 oignons rouges
10 cl de vinaigre de cidre
10 cl de vinaigre de vin
60 g de sucre roux
2 pincées de sel
10 grains de poivre
1 c. à c. de graines de fenouil
1 c. à c. de graines de cumin
1 c. à c. de baies roses
1 feuille de laurier

❶ Portez à frémissement dans une casserole les vinaigres et 20 cl d'eau avec le sucre et le sel. Mélangez et réservez.

❷ Épluchez les oignons et coupez-les en fines tranches, placez-les dans un bocal préalablement ébouillanté en intercalant les grains de poivre, les différentes graines et les baies. Versez le contenu de la casserole et déposez la feuille de laurier. Fermez le couvercle avec le joint (ébouillanté également). Laissez refroidir puis placez au frais 2 ou 3 jours avant de consommer avec une terrine, un poisson fumé ou une salade.

NOTE

Se garde plusieurs mois à 1 an fermé et stocké dans un placard ou 4 à 6 semaines au frais une fois ouvert. Pensez à toujours prélever les oignons avec une pince en bois et veillez à ce qu'ils soient toujours recouverts de liquide.

Galettes de chou-fleur

POUR 4 PERSONNES (10 GALETTES ENVIRON)

½ chou-fleur (environ 500 g)
300 g de farine + un peu pour la finition
60 g de fécule de pomme de terre
1 c. à c. de cumin moulu
½ c. à c. de piment d'Espelette
10 brins de thym frais
2 pincées de mélange 5-baies concassé
Sel

❶ Coupez le chou-fleur en morceaux. Faites-les cuire 10 minutes dans une casserole d'eau bouillante salée. Égouttez-les puis mixez-les. Ajoutez la farine, la fécule, le mélange 5-baies, le piment, le cumin et le thym effeuillé. Salez et mélangez bien.

❷ Prélevez 80 à 100 g de ce mélange et étalez-le entre 2 feuilles de papier sulfurisé saupoudrées de farine.

❸ Faites chauffer une grande poêle et déposez la galette avec ses 2 feuilles de papier dans la poêle et faites cuire 30 secondes à 1 minute de chaque côté. Recommencez avec le restant de mélange en réutilisant les feuilles de papier ayant servi pour la première galette.

❹ Servez avec de la salade, de la tapenade maison, un bon houmous, de l'avocat, du jambon ou tout ce qui vous semblera appétissant.

Crackers aux feuilles de figuier

POUR UN APÉRO DE 6 PERSONNES

10 jeunes feuilles de figuier (20 g environ)
100 g de farine T65
100 g de farine de grand épeautre
45 g de parmesan râpé
2 pincées de levure chimique
1 c. à c. de sucre roux
1 c. à c. de fleur de sel
1 œuf + 1 jaune
7 c. à s. d'huile d'olive + un peu pour la finition
1 c. à s. de graines de nigelle

❶ Ciselez les feuilles de figuier finement en retirant la tige.

❷ Assemblez les farines avec le parmesan, la levure, le sel, le sucre et les feuilles de figuier ciselées. Mélangez puis ajoutez l'œuf et le jaune, 3 cuillerées à soupe d'eau et l'huile. Mélangez, formez une boule et réservez au frais 30 minutes.

❸ Préchauffez le four à 180 °C.

❹ Étalez assez finement la pâte sur un plan de travail fariné. Saupoudrez-la de graines de nigelle et incrustez-les dedans avec le rouleau à pâtisserie.

❺ Découpez des losanges, disposez-les sur une plaque de cuisson, ajoutez quelques gouttes d'huile d'olive sur chaque cracker et enfournez pour 12 à 15 minutes.

❻ Laissez refroidir et servez avec des dips dont vous avez le secret.

Banana bread
aux noix de pécan

POUR 6 À 8 PERSONNES

3 bananes
300 g de farine
½ sachet de levure
½ c. à c. de bicarbonate
1 pincée de sel
60 g de beurre salé mou

90 g de sucre roux + 2 c. à s.
1 œuf
12 cl de lait
1 citron
50 g de raisins secs
70 g de noix de pécan

❶ Assemblez la farine, la levure, le bicarbonate et le sel.

❷ Au batteur, fouettez le beurre mou avec le sucre puis ajoutez l'œuf et battez encore un peu. Mélangez avec la farine.

❸ Écrasez 2 bananes à la fourchette et ajoutez-les au mélange précédent avec le lait. Prélevez le zeste du citron avec une râpe fine puis pressez la moitié du citron. Ajoutez le jus et les zestes à la pâte puis les raisins secs et les noix de pécan concassées (gardez-en quelques-unes pour la finition).

❹ Préchauffez le four à 180 °C.

❺ Beurrez un moule à cake et farinez-le. Versez la pâte dans le moule, disposez sur le dessus la banane restante taillée en 2 dans l'épaisseur et les noix de pécan mises de côté. Saupoudrez de sucre et enfournez pour 45 minutes.

❻ Démoulez sur une grille et laissez refroidir un peu avant de servir.

Biscuits
aux amandes

POUR UNE FLOPÉE DE BISCUITS

200 g d'amandes en poudre
90 g de sucre roux
1 sachet de sucre vanillé
1 c. à s. de miel
1 c. à s. d'eau de fleur d'oranger
1 blanc d'œuf
100 g de sucre glace
1 orange

❶ Mélangez la poudre d'amandes avec les sucres. Faites fondre le miel dans une petite casserole avec l'eau de fleur d'oranger et ajoutez-le au mélange précédent.

❷ Détendez le blanc d'œuf à la fourchette, ajoutez-le au mélange avec le zeste de l'orange finement râpé et 3 cuillerées à soupe de sucre glace. Mélangez et réservez au frais 3 heures.

❸ Préchauffez le four à 150 °C sur chaleur tournante.

❹ Prélevez 1 cuillerée à soupe de pâte et formez une quenelle entre 2 cuillères. Roulez-la dans le sucre glace et déposez-la sur une plaque de cuisson recouverte de papier sulfurisé. Recommencez ce jeu amusant avec le restant de pâte. Enfournez pour 15 minutes.

❺ Laissez refroidir les biscuits pour les solidifier.

Caramel liquide pour nappage

250 g de sucre blanc en poudre
1 c. à s. de jus de citron

❶ Versez le sucre dans une casserole et ajoutez 50 ml d'eau et le jus de citron. Portez à ébullition, laissez bouillir 10 à 15 minutes jusqu'à obtention d'une belle coloration dorée. Sortez du feu et versez doucement 80 ml d'eau en plusieurs fois en prenant garde aux éclaboussures. Remettez sur le feu et laissez bouillir 1 à 2 minutes en mélangeant.

❷ Versez dans un pot et laissez refroidir puis fermez le pot. Utilisez sur des pancakes, dans un yaourt, une crème aux œufs ou pour napper un gâteau.

NOTE
Se conserve plusieurs mois
à température ambiante.

Ailleurs

Séfarade LE Ashkénaze
MATCH
DES CUISINES
JUIVES

La cuisine séfarade, concoctée par Delphine,
s'étend sur tout le bassin méditerranéen et est
synonyme d'opulence. A contrario, la cuisine ashkénaze,
mitonnée par Fabrice, vient des tréfonds d'Europe
centrale et est considérée comme une cuisine de peu.
Entre la séfarade et l'ashkénaze,
match nul, boulette au centre...

TEXTE, RECETTES ET STYLISME
DELPHINE BRUNET ET FABRICE BLOCH

PHOTOGRAPHIES
ÉRIC FÉNOT

ILLUSTRATION OUVERTURE
SOLANGE GAUTIER

Brick à l'œuf et au thon

Toujours à l'improviste

La feuille de brick, crêpe fine comme une dentelle de Calais est à la cuisine juive séfarade ce que le beurre est à la cuisine bretonne. Autant dire un pilier sur lequel les cigares, bricks, samossas et autres pastillas viennent s'appuyer pour donner une multitude de recettes sucrées ou salées toujours plongées dans un bain de friture pour une croustillance extrême. La brick est LE petit ingrédient du repas à l'improviste que toute grand-mère juive qui se respecte prépare à sa petite-fille en deux temps trois mouvements. Elle possède toujours dans son frigo un sachet de feuilles de brick, des œufs, un petit pot de harissa, un bocal de citrons confits et, dans son placard, des câpres, une boîte de thon sans oublier, sur son balcon, quelques brins de persil frais !

Le temps s'arrête pendant que l'on déguste cette pâte brûlante et croustillante où le jaune d'œuf coulant vient se mélanger au thon et aux câpres acidulées, où la harissa, subtile pâte pimentée et aillée, vient relever l'ensemble et où le plaisir se prolonge en ramassant du bout du doigt toutes les petites miettes de brick qui ont volé de-ci de-là.

POUR 4 PERSONNES

8 feuilles de brick (artisanales, c'est encore mieux)
½ citron confit au sel
1 c. à s. de câpres
1 boîte de thon à l'huile (185 g)

1 c. à c. de harissa
4 œufs
Persil
Sel et poivre
Huile pour friture

❶ Hachez le citron confit égoutté avec les câpres et le persil. Mélangez avec le thon et la harissa. Salez et poivrez.

❷ Faites chauffer une bassine d'huile pour friture.

❸ Disposez 2 feuilles de brick l'une sur l'autre dans un bol assez large, déposez au centre une cuillerée de farce puis cassez un œuf par-dessus. Repliez les feuilles en 2 sur la farce en maintenant les bords avec les doigts puis glissez le « cul » de cette sorte d'aumônière dans l'huile chaude en maintenant le sommet des feuilles hors de l'huile afin que le blanc d'œuf cuise quelques secondes sans s'échapper de la brick puis lâchez l'ensemble pour faire frire le reste de la brick pendant 1 ou 2 minutes.

❹ Égouttez sur du papier absorbant et servez aussitôt puis faites cuire les autres une par une.

—— CUISINE ASHKÉNAZE PAR FABRICE ——

Kneidleh
(ou matzo balls : boulettes de pain azyme)
L'éternité c'est long, surtout vers la fin (W. Allen)

Les kneidleh, c'est la vie ! Une vie palpitante de fadeur mêlée d'entre-soi ashkénaze. Car il faut être initié quasi dès l'enfance pour savoir jouir à sa juste valeur de ce plat originaire d'Europe de l'Est. Dans ma famille, c'est l'entrée de fête obligée. Tout le monde se doit d'avoir une opinion sur la réussite des boulettes du jour par rapport à celles de l'année précédente. Plus dures ? Plus moelleuses ? Mieux cuites ? Et par quel mystère certaines sont-elles remontées à la surface rapidement et d'autres moins, ne gonflant pas comme il faut ? Si on n'en discute pas de longues minutes en se faisant enguirlander car ça va refroidir, c'est raté. On guette les nouveaux(elles) fiancé(e)s des plus jeunes, invités pour la première fois à notre table. Test ultime : accepteront-ils avec joie la repasse de kneidleh ou se contenteront-ils timidement de reprendre « juste du bouillon » ? Mais là ils auront peu de chance d'officialiser aux yeux des aînés leur qualité d'impétrants...

POUR 8 À 10 PERSONNES

4 œufs	200 g de Matzoth de	4 l de bouillon de volaille
130 g de graisse	la marque Rosinski®	ou de bœuf de votre cru
d'oie fondue	1 cube de bouillon de	bien clair et parfumé
	poulet dilué dans 3 l d'eau	Sel et poivre (peu)

❶ Mixez finement au blender les Matzoth pour obtenir une farine. Cette farine peut s'acheter toute faite, mais c'est plus cher donc beaucoup moins « ashkénaze spirit ».

❷ Séparez les blancs des jaunes d'œuf. Battez les blancs en neige ferme.

❸ Mélangez les jaunes avec la graisse d'oie fondue et la farine de Matzoth. Salez, poivrez et abstenez-vous de tout autre aromate complètement superfétatoire. Ajoutez un peu d'eau (ou pas) selon la consistance obtenue qui doit être malléable. Mélangez sans ménagement ce brouet avec un quart des blancs montés en neige pour le détendre puis ajoutez délicatement le reste des blancs à la spatule. Laissez reposer 1 heure au frais.

❹ Formez des boulettes de 2 à 3 cm de diamètre maximum sans trop les serrer, à l'aide du creux de vos mains légèrement humides.

❺ Dans une grande cocotte, faites cuire les boulettes dans le bouillon de poulet frémissant, mais pas bouillant pour qu'elles ne se défassent pas. Elles sont cuites lorsqu'elles remontent à la surface, mais attendez quelques minutes tout de même pour qu'elles finissent de bien cuire à cœur.

❻ Au service, transvasez les boulettes à l'aide d'une écumoire dans le « vrai » bouillon bien parfumé que vous servirez aux convives. De cette façon, il n'aura pas été troublé par la cuisson des kneidleh et restera limpide.

❼ Abstenez-vous de toute déco (pluches d'herbe, poivre, ou que sais-je) irrémédiablement superfétatoire.

Boulettes de bœuf et d'agneau

Longues à préparer, vite avalées

Chaque famille cultive sa recette de boulettes que chacune, selon ses goûts et ce qu'elle trouve dans son garde-manger, améliore, enrichit et modifie au gré de l'inspiration du moment. L'idée de base est de mélanger plusieurs viandes hachées, beaucoup d'épices, d'herbes aromatiques ciselées, de pain dur et d'œufs. Le tout malaxé et façonné à pleine main. Il faut faire corps avec la matière, lui transmettre l'énergie et l'amour que l'on veut offrir pour recevoir en retour la gratitude et le sourire de ceux qui se sont régalés. Les repas étant une belle occasion de réunir le plus de monde possible et d'épater la galerie en multipliant les petites entrées succulentes, les plats savoureux et les desserts bien sucrés. Proposer à une très grande tablée ces merveilles si longues à préparer et si vite avalées permet de faire plaisir à chacun en lui offrant la spécialité qu'il préfère. Tout un art pas si facile à reproduire !

POUR 8 À 10 PERSONNES

500 g de bœuf haché
200 g de collier d'agneau désossé et haché
½ baguette rassise
4 œufs
2 pommes de terre cuites (180 g environ)

2 cœurs d'artichaut cuits conservés dans l'huile
3 oignons
2 gousses d'ail
1 bouquet de persil
1 bouquet de coriandre
1 c. à c. de curcuma

1 c. à c. de paprika
2 c. à c. de cumin
1 c. à c. de harissa
10 cl d'huile d'olive
2 c. à s. de farine
Sel et poivre

❶ Faites tremper la baguette coupée en morceaux dans un saladier d'eau pendant 10 minutes puis pressez-les fortement pour extraire toute l'eau.

❷ Faites cuire 2 œufs pendant 10 minutes dans une casserole d'eau bouillante puis laissez-les refroidir dans un saladier d'eau froide et écalez-les.

❸ Hachez les pommes de terre, les 2 œufs durs et les fonds d'artichaut puis mélangez-les, dans un saladier, aux 2 viandes. Ajoutez le pain essoré, les herbes ciselées, les oignons et l'ail également ciselés puis les épices, du sel, du poivre et la harissa.

Malaxez à la main afin de bien mélanger les ingrédients.

❹ Cassez les œufs restants dans une assiette creuse et versez la farine dans une autre. Formez des boulettes avec vos mains mouillées puis roulez les boulettes dans la farine puis dans les œufs battus.

❺ Faites chauffer une poêle avec l'huile et faites-y dorer les boulettes pendant 15 minutes environ en les tournant souvent.

❻ Égouttez-les sur du papier absorbant et servez avec un couscous aux légumes et de la coriandre fraîche.

—— CUISINE ASHKÉNAZE PAR FABRICE ——

Choucroute à la juive
Des jours et des nuits sans sommeil

Aux antipodes du quasi-jansénisme des kneidleh se trouve cette choucroute, plat de fête pléthorique des familles juives alsaciennes. Légèrement moins calorique que sa version « goy » au porc, elle ne se garnit que de charcuteries pur bœuf ou veau et éventuellement de viande d'oie. Ma tante, dès les premiers frimas, sortait la grande marmite 15 bons jours à l'avance. Puis elle se décidait à se rendre rue des Rosiers, chez Levy, pour acheter la choucroute en saumure, et ce toujours en taxi (la choucroute seule avait droit à ce traitement de faveur) ! C'était tout un cérémonial. De retour, en bas de chez elle, elle criait théâtralement : « Venez m'aider !!! » Et mes cousins devaient descendre fissa transporter les victuailles jusqu'à la cuisine dans laquelle elle s'enfermait pendant trois jours, ne dormant plus, pour préparer la choucroute qui allait imprégner de son odeur aigre tout l'appartement, jusqu'aux os des occupants, pendant des semaines. Le prix à payer pour un régal sans équivalent !

POUR UNE DIZAINE DE PERSONNES

1,5 kg de choucroute
1 kg de bœuf salé ou fumé selon le goût
1 oignon émincé
Graisse d'oie
3 gousses d'ail
10 baies de genièvre
1 bouquet garni
50 cl de riesling

Quelques verres de champagne (une option, sauf chez ma tante)
Du très bon poivre du moulin

LA GARNITURE
10 gendarmes (saucisses de bœuf)

500 g de pickelfleisch (poitrine de bœuf saumurée)
3 saucisses de veau
5 cuisses d'oie confites (en option pour la version très festive)

❶ Égouttez la choucroute à l'aide d'un chinois puis rincez-la à grande eau bien froide plusieurs fois. Pressez-la bien pour retirer l'excédent d'eau.

❷ Dans une cocotte suffisamment grande, faites revenir l'oignon émincé dans de la graisse d'oie. Ajoutez les gousses d'ail claquées, la choucroute, les baies de genièvre et le bouquet garni. Mélangez bien et mouillez avec le riesling et éventuellement le champagne. Ajoutez le bœuf salé (ou fumé) et faites cuire de longues heures à couvert. Ma tante laissait cuire 3 jours, mais vous pouvez vous contenter de 3 à 5 heures en remuant et en contrôlant la cuisson afin d'obtenir une choucroute bien tendre. Réservez dans la cocotte au chaud.

❸ Faites cuire les autres viandes. Les saucisses et gendarmes simplement au four, sans rien, à 180 °C pendant 30 minutes. Même temps de cuisson et de thermostat pour les cuisses d'oies confites que vous pouvez faire croustiller à la poêle avant le service. Seul le pickelfleisch ne se cuit pas. Contentez-vous de le trancher.

❹ Servez bien fumant, dans votre plus beau plat avec des pommes vapeur.

Makrouds aux dattes
Douceur très sucrée

Ce dessert à base de semoule, de pâte de dattes, de miel et d'eau de fleur d'oranger est, outre une bombe calorique, un concentré de douceurs qui reste gravé dans les souvenirs d'enfance lorsqu'il est fait maison et que jamais les ersatz trouvés dans les pâtisseries orientales de mauvaise qualité ne pourront concurrencer. Cette pâtisserie typiquement maghrébine, mais pas forcément juive, s'inscrit dans le grand catalogue des desserts orientaux où la surenchère de miel et de friture rivalise d'ingéniosité pour flatter les palais, consoler les âmes et arrondir les angles d'une vie parfois rude. Après un repas déjà bien copieux, on ne peut pas finir sur un café serré et retourner bosser. Il faut profiter de la table, parler sans filtre, exagérer chaque histoire, rire ou pleurer mais terminer en beauté avec une douceur très sucrée et un thé mentholé !

POUR UNE VINGTAINE DE PIÈCES

LA PÂTE
300 g de semoule de blé dur moyenne
2 pincées de bicarbonate
25 g de farine
100 g de beurre fondu
1 pincée de sel
90 ml d'eau tiède
2 c. à s. d'eau de fleur d'oranger
1 l d'huile pour friture

LA FARCE
200 g de pâte de dattes
2 pincées de cannelle
2 pincées de clou de girofle moulu
20 g de beurre fondu
2 c. à s. d'eau de fleur d'oranger

LE SIROP
100 g de miel d'acacia
2 c. à s. d'eau de fleur d'oranger
Le jus de 1 citron

❶ Préparez la pâte en versant la semoule dans le bol d'un robot muni de la feuille, ajoutez le bicarbonate, la farine, le sel et le beurre fondu. Mélangez pendant 2 minutes et laissez reposer 2 heures à température ambiante.

❷ Faites chauffer 2 minutes la pâte de dattes au micro-ondes pour la ramollir puis mélangez-la avec la cannelle, le clou de girofle, le beurre fondu et l'eau de fleur d'oranger. Réservez.

❸ Terminez la pâte en versant l'eau tiède et l'eau de fleur d'oranger puis mélangez du bout des doigts sans pétrir, ajoutez un peu d'eau si besoin afin d'obtenir une boule de pâte souple et homogène. Laissez-la reposer 30 minutes à température ambiante et à couvert.
Coupez ensuite la boule de pâte en 4. Roulez un morceau de pâte sur un plan de travail fariné pour former un boudin d'environ 20 cm de long. Creusez une rigole tout le long en appuyant avec les pouces. Roulez un morceau de farce de dattes en boudin assez fin pour être contenu dans la rigole. Rabattez la pâte sur la farce de façon hermétique. Roulez délicatement le boudin obtenu puis aplatissez-le un peu avant de le découper en losanges. Faites des stries sur chaque losange avec la pointe d'un couteau puis renouvelez ces opérations avec le restant des ingrédients.

❹ Faites chauffer un bain d'huile pour friture et faites cuire les makrouds en plusieurs fournées jusqu'à ce qu'ils soient bien dorés.

❺ Chauffez légèrement ensemble le miel, l'eau de fleur d'oranger et le jus de citron. Trempez les makrouds dans ce sirop puis égouttez-les sur une grille.

— CUISINE ASHKÉNAZE PAR FABRICE —

Gâteau au fromage
Symbole biblique

S'il y a bien un dessert de la cuisine ashkénaze qui a eu son petit succès planétaire, c'est le gâteau au fromage ! Ce symbole biblique du pays de Canaan où coulent le lait et le miel a voyagé en même temps que la diaspora juive pour se réinventer en cheesecake dans les delicatessen new-yorkais ou en plus traditionnel sernik polonais. Personnellement, j'aime une version bien épaisse et légèrement aqueuse voire grumeleuse. Servez après un bon cholent (plat de bœuf de shabbat). Je plaisante, bien sûr !

POUR UN MOULE À MANQUÉ DE 26 CM

LA PÂTE SABLÉE
125 g de beurre + un peu pour le moule
40 g de poudre d'amandes
90 g de farine
40 g de fécule de maïs
85 g de sucre glace
1 pincée de fleur de sel
1 œuf

L'APPAREIL À FROMAGE BLANC
500 g de fromage blanc à
30 % de matière grasse
150 g de Philadelphia®
5 œufs
150 g de sucre
Le zeste de 1 citron
Les graines de ½ gousse de vanille

❶ Préparez la pâte en assemblant le beurre en parcelles avec la poudre d'amandes, la farine, la fécule de maïs et le sucre glace afin d'obtenir une texture de semoule grossière. Ajoutez ensuite l'œuf mélangé à la fleur de sel. Fraisez à l'aide de la paume de la main sur le plan de travail pour obtenir une texture homogène. Aplatissez légèrement et filmez. Laissez reposer au frais 30 minutes.

❷ Préchauffez le four à 170 °C

❸ Beurrez le moule à manqué. Abaissez la pâte et foncez ce dernier. Disposez sur la pâte un disque de papier sulfurisé et des billes de cuisson et faites cuire « à blanc » pendant 20 minutes. Enlevez les billes et le papier sulfurisé et finissez de cuire une dizaine de minutes afin d'obtenir une pâte bien dorée. Laissez refroidir.

❹ Pour l'appareil à fromage blanc, battez les blancs en neige. Mélangez les jaunes avec tous les autres ingrédients à l'aide d'un fouet puis intégrez un tiers des blancs montés en neige et mélangez intimement. Ajoutez ensuite les deux tiers restants délicatement avec une maryse.

❺ Versez l'appareil sur le fond de pâte précuit et enfournez à 160 °C pendant 1 heure. Laissez refroidir à l'air libre puis réfrigérez au minimum 4 heures avant de déguster.

Les potins du printemps

TEXTE
PHILIPPE TOINARD

À lire

Gastronomie française à la sauce américaine

PROFESSEUR DE SOCIOLOGIE au Smith College, à Northampton, dans le Massachusetts, Rick Fantasia a mené une longue enquête sur l'industrialisation des pratiques artisanales en soulignant comment, en France, dans les années 1970 à 1990, le monde de la gastronomie a opéré une mutation. Dans un premier temps, l'auteur donne un aperçu des origines de la gastronomie et de son autonomie, si particulière par rapport à d'autres univers, comme celui de la culture. Seulement, cette autonomie s'est lézardée avec l'incursion des processus industriels et des techniques de marketing commercial sous l'impulsion d'entreprises américaines, notamment celles de la restauration rapide, des chaînes de restaurant et de la restauration collective. Très documentée, l'étude montre également comment de nombreux chefs de renom ont accepté de collaborer avec des marques industrielles ou d'apposer leur signature sur toutes sortes de produits ou de cartes d'établissements pour lesquels ils ont été consultants. Au final, l'analyse de Rick Fantasia souligne comment le champ gastronomique français a été absorbé par le champ économique ou, autrement dit, l'art et la manière de violer un garde-fou.

Seuil – 23 euros

À éviter

La Casserole d'or

PRIX GONFLÉS, additifs cachés, emballages surdimensionnés, Foodwatch, organisation à but non lucratif qui se bat pour une alimentation saine et sans risques, a répertorié, fin 2021, des produits agroalimentaires aux promesses pompeuses et demandé au grand public de voter pour la Casserole d'or. Parmi les nommés, un foie gras en conserve vendu chez E. Leclerc avec un conservateur controversé, le nitrite de sodium, des dés de saumon de chez Lidl, du confit d'oignons vendu quatre fois plus cher que ses concurrents relégués dans un autre rayon, de l'Oasis pêche abricot contenant de l'huile de palme ou des œufs de lump bourrés d'additifs. 13 400 personnes ont voté : le grand « gagnant » est Oasis pêche abricot et son huile de palme avec 46 % des suffrages. Si l'étiquette principale indique « sans conservateur », la contre-étiquette mentionne la présence d'acidifiants, de stabilisants, de colorants… et de cette huile de palme dont on sait que la culture accélère la déforestation et donc la disparition des orangs-outans.

À savoir

Les Français et le vin

VIN & SOCIÉTÉ qui représente l'ensemble de la filière vigne et vin, soit plus de 500 000 acteurs directs et indirects, et fédère les deux familles que sont la production et le négoce a mené avec l'Ifop une enquête auprès d'un échantillon global de 5 107 personnes, représentatif de la population âgée de plus de 18 ans, pour mieux comprendre la manière dont le vin est appréhendé selon le prisme alimentaire de chacun. Il en ressort que plus de 7 Français sur 10 en moyenne disent boire du vin, que la première occasion pour en consommer est un repas amélioré avec des invités, la deuxième, un apéritif partagé avec des amis ou de la famille et, la troisième, un événement festif. Quant au prix, il est l'un des tout premiers critères pour le choix du vin, mais pas le seul, l'appellation et le bassin viticole en sont un autre, la façon dont le vin a été produit est également importante, tout comme l'étiquette et le design.

À télécharger

Phenix

L'anti-gaspi qui fait du bien

RÉDUIRE le gaspillage alimentaire : tel est le leitmotiv d'un nombre croissant d'applications. Deux ans après son lancement, Phenix tire un premier bilan et annonce avoir déjà convaincu plus de 3 millions de citoyens et près de 15 000 commerces de bouche et supermarchés. Le principe est aussi simple que celui de ses concurrents, vous vous géolocalisez et l'application vous indique quels sont les commerçants qui mettent à disposition des paniers composés des surplus du jour. Il ne vous reste plus qu'à payer et à aller chercher le panier à l'adresse indiquée. À noter que des filtres sont disponibles comme bio, vegan, casher… et que des notifications peuvent être envoyées pour vous indiquer les prochains bons plans en fonction de vos filtres. Pour rappel, le gaspillage alimentaire en France est responsable de 3 % des émissions de CO_2, quand l'aviation l'est, elle, de 2 %.

À visiter

La Cité internationale de la gastronomie et du vin de Dijon

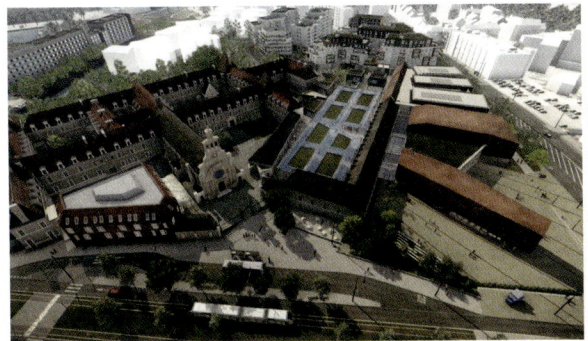

© Eiffage - Agence d'architecture Anthony Béchu

POUR METTRE EN VALEUR le bien manger et le repas gastronomique à la française, classé au patrimoine immatériel de l'humanité par l'Unesco, l'État avait lancé le concept des Cités de la gastronomie. Quatre villes avaient ainsi été retenues en 2013 par la Mission française du patrimoine et des cultures alimentaires : Lyon, Dijon, Tours et Paris-Rungis. Si la Cité internationale de la gastronomie de Lyon a ouvert en octobre 2019 dans l'ancien Hôtel-Dieu, elle a fermé ses portes en juillet 2020, dans l'attente d'un nouveau projet. Quant à Paris, la Cité ne devrait voir le jour qu'en 2026. Pour le moment, c'est Dijon qui tire son épingle du jeu en ouvrant le 6 mai sa Cité internationale de la gastronomie et du vin sur 6,5 hectares. Au programme, trois restaurants dont deux supervisés par le chef 3 étoiles Michelin, Éric Pras, du restaurant Lameloise, à Chagny, un village gastronomique rassemblant artisans de bouche et commerces fins, 3 000 références de vins dans l'une des plus importantes caves de France, mais aussi 1 750 mètres carrés d'exposition mettant en lumière le Repas gastronomique des Français, un espace livres avec la Librairie gourmande et la présence de l'école de cuisine Ferrandi, le tout au cœur de la ville, à deux pas de la gare.

Carnet de recettes

Frédéric MOLINA

p. 18

Entrée

Fèves, fleur de sureau, féra du lac et gelée de sureau

POUR 4 PERSONNES

600 g de fèves fraîches	40 g de filet de féra fumée
400 g de fleurs fraîches de sureau	QS de fleurs de sureau au vinaigre
1 l d'eau minérale	QS d'huile de pépins de raisin
4 feuilles de gélatine	QS de vinaigre de sureau

La gelée de sureau Une semaine avant, faites infuser les fleurs de sureau fraîches dans l'eau. À la fin de la semaine, filtrez, chauffez une partie de l'infusion pour dissoudre la gélatine, puis versez le reste afin d'obtenir une gelée tendre.

Les fèves Écossez les fèves, conservez les cosses. Blanchissez les fèves à l'eau bouillante entre 5 et 7 minutes. Rafraîchissez-les ensuite à l'eau glacée. Dérobez-les puis réservez-les sur un linge sec. Déshydratez les cosses au four.

La finition et le dressage Disposez un peu de gelée de sureau dans le fond d'une assiette creuse. Déposez une portion de fèves assaisonnées d'huile et de vinaigre de sureau. Dressez harmonieusement quelques morceaux de féra fumée, des grappes de fleurs de sureau au vinaigre, quelques fleurs fraîches de sureau et des cosses de fèves déshydratées.

p. 18

Entrée

Ornithogales, fraises blanches, fromage de chèvre et ail des ours

POUR 4 PERSONNES

100 g de fromage de chèvre frais	200 g d'ail des ours frais
240 g d'ornithogales	QS de fleurs d'ail des ours
60 g de fraises blanches	Sel fin et fleur de sel
80 g d'huile de pépins de raisin	

La neige de chèvre frais Émiettez 40 g de chèvre dans un bol à Pacojet. Givrez le tout pendant 12 heures puis pacossez afin d'obtenir une neige de chèvre frais.

Les ornithogales Blanchissez à l'eau bouillante les ornithogales entre 10 et 30 secondes puis rafraîchissez-les à l'eau glacée. Ajustez la cuisson en fonction de leur taille. Taillez les fraises blanches en tranches dans le sens de la longueur.

La sauce au fromage de chèvre Détendez 60 g de fromage avec un peu d'eau et de sel afin d'obtenir une sauce légèrement épaisse. Lavez l'ail des ours et égouttez-le. Mixez ensuite l'ail avec l'huile puis filtrez à l'étamine. Assemblez la sauce au chèvre avec une partie de l'huile à l'ail des ours sans trop mélanger pour obtenir un jus juste tranché.

La finition et le dressage Assaisonnez légèrement les ornithogales avec un peu d'huile à l'ail des ours et de la fleur de sel. Déposez-les dans l'assiette. Arrosez avec la sauce au chèvre et ail des ours. Déposez quelques tranches de fraises blanches sur les ornithogales. Saupoudrez de neige de chèvre et de fleurs d'ail des ours.

p. 18

Plat

Omble chevalier et cueillette anisée

POUR 4 PERSONNES

1 omble chevalier de 600 g environ	Herbes de cueillette : aneth, égopode, cerfeuil, fenouil bronze
100 g de myrrhe odorante fraîche	Huile de pépins de raisin
200 g d'épinards	Sel et poivre

L'omble chevalier Filetez. Désarêtez les filets. Taillez-les en 2. Réalisez un jus à partir des arêtes puis filtrez-le. Assaisonnez les filets d'omble chevalier, déposez-les côté peau dans une poêle bien chaude avec de l'huile et laissez cuire 3 minutes à feu vif en arrosant. Retournez les filets, saisissez-les rapidement et égouttez-les aussitôt sur du papier absorbant.

Les épinards et la myrrhe Blanchissez les épinards à l'eau bouillante puis rafraîchissez-les à l'eau glacée. Mixez-les de façon à obtenir une pulpe lisse et incorporez la myrrhe odorante pour parfumer la chlorophylle.

La sauce Faites réduire le jus de poisson afin de le corser. Incorporez-y la chlorophylle de myrrhe pour le parfumer, puis montez légèrement au beurre.

La finition et le dressage Déposez la sauce au fond d'une assiette légèrement creuse, puis un morceau de poisson, et déposez la cueillette anisée préalablement lavée et égouttée.

p.18

Dessert

Rhubarbe, confiture de lait, amandes et fleur d'acacia

POUR 4 PERSONNES

200 g de rhubarbe fraîche
100 g de crème liquide à 35 % de MG
40 g de confiture de lait

QS d'amandes sèches entières
80 g d'amandes fraîches décortiquées et émondées
Fleurs d'acacia

La crème et la confiture Fouettez la crème et marbrez-la avec la confiture.

La rhubarbe Épluchez la rhubarbe et taillez-la en petits bâtonnets de 5 cm de long environ.

La finition et le dressage Déposez la crème fouettée dans une assiette creuse. Plantez dedans un fagot de bâtonnets de rhubarbe. Parsemez ensuite de quelques amandes fraîches et de fleurs d'acacia. À l'aide d'une Microplane®, râpez des amandes sur la préparation et servez.

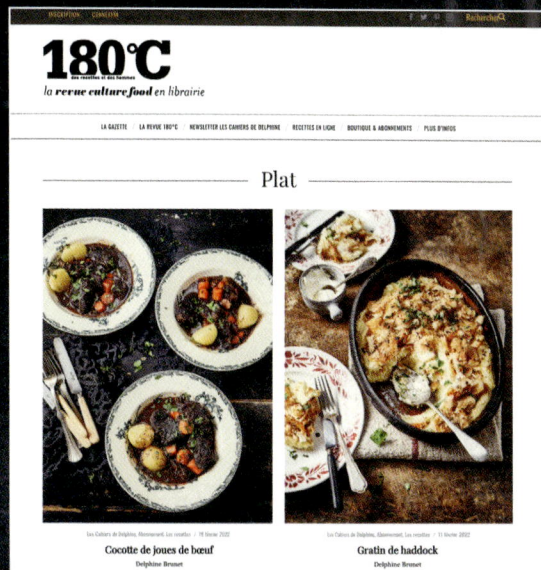

Sommaire
des recettes

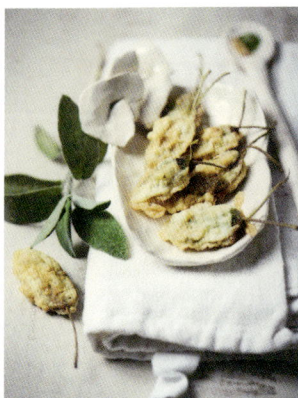

Beignets de sauge à l'anchois

Banana bread aux noix de pécan

PETITS PLAISIRS

Pizza blanche au rocamadour et verdures printanières

Œuf mollet frit en croûte de noisettes, nage de petits pois

Brick à l'œuf et au thon

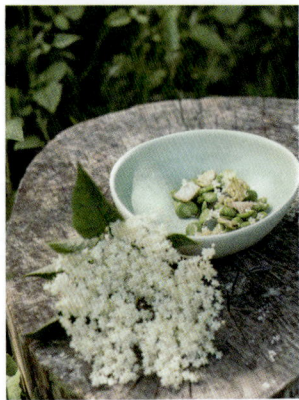

Fèves, fleurs de sureau, féra du lac

ENTRÉES

Saltimbocca

Nuggets de poulet et ketchup de rhubarbe

Pommes de terre tapées, oignons nouveaux, bavette à baver

Navarin d'agneau aux petits légumes

Sorbet rhubarbe-hibiscus

Gâteau fourré aux pruneaux

Abricots anisés, crème mascarpone et biscuit

Makrouds aux dattes

PLATS

DESSERTS

Carnet d'adresses

p. 6
Le Moulin de Léré
270, route de Léré. Sous la Côte.
74470 Vailly.
Tél. : 04 50 73 61 83
www.moulindelere.com

p. 44
C-Weed Aquaculture
15, rue de l'Herminette.
35350 Saint-Méloir-des-Ondes.
Tél. : 02 23 18 41 86
www.c-weed-aquaculture.com

p. 144
Raisin et sentiments

L'Ostal Levant
Alary, 46700 Puy-l'Évêque.
Tél. : 06 75 39 24 24

Domaine des Rouges
Les Rouges. 46220 Prayssac.
Tél. : 05 65 22 33 28

Clos Troteligotte
Le Cap blanc, 46090 Villesèque.
Tél. : 06 74 81 91 26

S'abonner

Quelle bonne idée ! Ne rien rater un an durant, c'est tentant...

Quatre fois par an, la revue 180°C vous propose des recettes
du quotidien et de saison, des reportages
sur des artisans, des producteurs et des chefs sincères,
engagés et passionnés.

ABONNEZ-VOUS EN LIGNE SUR WWW.180C.FR
ET COMMANDEZ LES PRÉCÉDENTS NUMÉROS POUR COMPLÉTER VOTRE COLLECTION.

www.180c.fr   180C.LaRevue   @180C_LaRevue   @180c_larevue